상처 입은 학생과 교사를 위한
연극 활용 상담과 교육

네가
주인공이야!

유지원 지음

소울앤북

상처 입은 학생과 교사를 위한
연극 활용 상담과 교육

네가 주인공이야!

초판 인쇄	■	2019년 7월 20일
초판 발행	■	2019년 7월 25일
글	■	유지원
그림	■	김윤경
기획	■	윤용철
편집디자인	■	정은영
펴낸이	■	윤용철
펴낸곳	■	소울앤북
주소	■	경기도 파주시 회동길 325-22 세화빌딩
전화	■	02-322-1350
팩스	■	02-322-6913
전자우편	■	admin@seoulbooks.co.kr
출판등록	■	제406-2014-000088호

© 유지원, 2019

ISBN 979-11-962918-9-2

네가
주인공이야!

용어 설명

아이

이 책에서의 '아이'는 아동·청소년을 아우르는 용어이다. 흔히 유치원 단계는 유아, 초등학교 단계는 아동, 중·고등학교 단계는 청소년으로 간주한다. 하지만 나이에 따른 아동, 청소년의 구분은 명확하지 않다. 왜냐하면 청소년보호법에서는 만 19세 미만인 사람을 청소년이라고 하고, 청소년기본법에서는 9세~24세인 사람을 청소년이라고 하며, 아동복지법과 유엔아동권리협약에서는 아동과 청소년을 구별하지 않고 18세 미만의 사람을 모두 아동이라고 부르기 때문이다.

이 책은 초·중·고의 모든 사람들을 대상으로 교육 활동을 하는, 다양한 교육기관에서 일하는 교사, 강사, 상담사, 연극인, 양육자들에게 활용되기를 희망하며 만들어졌다. 그래서 '학생'이라는 말은 학교 밖 아이들을 배제하기 때문에 사용하지 않았다.

연극 심리 상담

이 책의 이론과 실제는 연극 치료를 기반으로 한다. 그러나 이 책에서는 연극 심리 상담이라는 용어를 사용하고 있다. 연극 치료는 심리 진단에서 장애를 가진 참여자를 대상으로 심리적 증상을 치료하는 데 목적이 있다. 그러나 이 책에서는 아동과 교사가 서로의 마음을 읽고 긍정적으로 관계를 맺으면서 집단으로서의 공동체를 형성하기 위해 연극 치료를 활용하고자 한다. 그리고 교실 수업, 생활교육을 하는 데 있어 연극 치료를 적용한 매뉴얼을 개발하고 이에 관련된 이론을 소개하는 것에 초점을 맞추었다. 교사가 할 수 있는 것은 치료보다는 상담이며, 아동을 치료의 대상으로 보기보다 교사와 더불어 공감과 치유를 함께하는 배움 공동체의 참여자로 바라본다. 따라서 연극 치료의 전문가가 볼 때 진단, 활동, 평가에서 상이한 측면이 있음을 미리 양해드린다.

5

추천의 글

이 책의 두 가지 열쇠말은 '학교'와 '진실한 만남'이라는 생각이 듭니다. 그것을 위해 저자는 녹록치 않았던 자신의 삶의 이력과 함께 거기에서 얻은 깨달음과 기술을 모두 솔직하고 치열하게 여기에 쏟아 놓았습니다. 이 일은 아무나 하기 힘든 일입니다. 그것이 가능한 까닭은 '학교'와 '진실한 만남'에 대한 열정 덕분이겠지요. "어떻게 하면 좀 더 구체적으로 나의 경험을 생생하게 전할 수 있을까?"를 고민하며 쓴 이 책이 학교 현장과 그 안에서 일어나는 진실한 만남에 관심을 둔 여러 독자에게 널리 가닿아 새로운 떨림과 파장으로 퍼져나가기를 바랍니다.

–연극과 성장 연구소 소장 이효원

유지원 선생님에게 교실은 자신의 삶이었습니다. 교실에서 아이들과의 '만남(encounter)'을 통해 서로를 발견하였으며 오늘 하루의 삶이 내일의 삶과 관련되는 '배움'의 경험을 하였습니다. 아이는 교실에서의 삶을 통해 자기 자신에 대하여 그리고 자신을 둘러싼 세계에 대하여 경이로움의 눈으로 바라보기 시작했으며, 선생님은 개인적인 자아와 삶, 그리고 교사로의 삶을 통합시켜 갔습니다. 이 책은 거의 50년간 쉼 없이 이루어진 유지원 선생님의 삶의 족적(足跡)이고 또 하나의 교수 학습 과정에 대한 창조적 지식입니다.

언젠가 유지원 선생님이 자신의 교실과 아이들의 이야기를 해 준 적이 있습니다. 그 이야기는 나에게 경이로움과 도전감을 주었습니다. 그 이후로 나는 핑계를 대면서 거의 포기했던 '과제'를 다시 꺼내들어 이번 학기 강의실에서 새로운 시도를 하고 있습니다. 나는 유지원 선생님의 이 책을 처음부터 끝까지 단숨에 읽어 내려갔습니다. 이 책을 아이를 키우는 일에 종사하고 계신 많은 '어른'들이 보셨으면 합니다. 그래서 여러 교육 현장에서 아이를 키워내는 우리 '어른'들의 살아가는 이야기들을 더 많은 창조적인 지식의 형태로 만나길 바랍니다.

–경인여자대학교 유아교육과 교수 하정희

달걀판처럼 흩어져 파편화되어가고 있는 교직 문화 속에서 사람 한 분을 만나고 싶었습니다. 늘 그 거인 앞에 깨어 있고 가슴 속에 고운 씨앗 하나 품으며, 희망이라는 새싹을 틔울 수 있는 그런 교사가 되고 싶었습니다. 그렇게 기다림에 지쳐가고 있을 때 큰 사람, 유지원 선생님을 만났습니다.

사회와 맞닿아 그 경계마저도 불명확해져가고 있는 학교의 테두리는 언젠가 분명 하나로 합쳐질 것이라 믿습니다. 하지만 아직 교직뿐만 아니라 모든 전문직 분야는 일상의 사회와 협동적이고 개방적인 방식으로 일을 하고 있지 않는 것 같습니다.

저는 유지원 선생님의 '연극을 활용한 수업'을 교실 현장에 적용하면서 아이들의 열정을 다시 찾아보고 인정해주는 것, 인성교육에서 강조하는 윤리적 목적을 실존적으로 비판하고 반성해보는 것, 다른 사람들과 함께 좋은 교육을 어떻게 만들어 갈 것인가를 고민하게 되었습니다.

교사는 사유하고 실천하는 특수한 존재라고 생각합니다. 그러나 이러한 실천 능력은 망각되고 사유가 쓸모없는 취급을 당할 수 있는 폭력의 그늘에 노출되어 있습니다. 빛을 향해 소걸음으로 천 리를 가는 데 연극이라는 새로운 언어가 도움이 되리라 생각합니다.

　　－서울교육대학교 다문화교육학 강사 박순철

사회의 변화와 함께 아이들이 달라지고 있습니다. 달라지는 아이들의 문화를 이해하고 학급을 운영해가는 교사들이 이 책을 읽었으면 합니다. 왜냐하면 이 책은 달라진 아이들의 상황이 교실에서 어떤 모습으로 확인되는지, 그러한 아이들을 어떻게 대하고 함께 해야 하는지에 대한 새로운 관점을 갖게 하고 연극 심리 상담을 통한 학급 운영과 소통을 가능하게 하는 원리와 방법을 제시하기 때문입니다.

또한 이 책에서는 오늘날 문제가 되고 있는 학교 폭력, 인간성 회복, 통일, 환경, 난민 문제, 사회적 편견, 다문화 문제 등 다양한 분야에 대한 시선과 자각을 아이들에게 갖게 할 수 있는 드라마 활용 방법도 제시되어 교사들이 쉽게 활용할 수 있도록 안내합니다.

이 책은 교육 연극과 연극 심리 상담을 교육에 적용한 자신의 경험과 느낌을 솔직하고 담백하게 적고 있습니다. 특히 아이들을 진정한 배움의 길로 안내하는 저자의 마음을 따라가다 보면, 어느 새 '나도 쉽게 드라마를 활용할 수 있겠구나.' 하는 자신감과 만나게 될 것입니다.

　　－서울누원초등학교 교사 김춘심

하나로 이어진 세상 그리고 사회와 교육! 이곳의 중심에 문화 예술이 자리하고 있습니다. 교육이 그리 간단한 문제가 아니어서 한 사람의 힘은 미미할지 모르지만 교사 개인의 열정은 분명 그 발화점이 될 것입니다.

이 책은 교육과 사람을 사랑하는 선생님의 이야기를 담고 있습니다. 무엇보다 교육은 사람을 사랑하는 일이라는 것을 끊임없는 연구와 자기 성찰을 하는 모습을 통해 보여주고 있습니다. 더욱 감동적인 것은 공부에 멈추지 않고 이를 교실 수업으로 오롯이 연결시켰다는 점입니다. 교사뿐 아니라 사람을 소중히 하라는 메시지를 주고 있는 이 책을 집어든 독자 모두에게 내면의 성찰의 기회가 되리라 믿습니다.

꿈이 없는 아이들에게 꿈을 갖게 하고, 자신감이 부족한 아이에게 긍정의 힘을 주어 그 힘으로 살아갈 용기를 주었던 유지원 선생님과 학생의 이야기는 침묵하는 교실에 희망을 끌어내고 있습니다. 소외된 사람들에 대한 관심을 놓지 않고 그러한 시선에서 교육의 희망을 찾고자 하는 선생님의 노력에 아낌없는 박수를 보내고 싶습니다. 아울러 다양한 꿈이 있는 교실에 대한 열망을 가진 교사들에게 많은 도움이 되어 줄 것으로 기대합니다.

우리 모두는 아이들이 배려와 존중이 있는 어른으로 성장해 나가기를 소망합니다. 교육을 통해 좋은 세상을 만들고자 하는 노력을 담은 감동적인 이야기를 독자 여러분도 함께 음미해 보시기를 추천합니다.

–덕암중학교 교사, 하모니 다꿈교육 연구회 회장 이승희

평소 존경하던 선생님의 글이 나왔다고 하여 단숨에 글을 읽어 내려갔습니다. 이 책은 유지원 선생님이 교육 현장에서의 오랜 경험들을 바탕으로 한 땀 한 땀 일구어낸 글입니다. 그래서 아이들을 만나는 자리에 있는 분이라면 격하게 공감하여 고개를 끄덕이는 경우도 많을 것입니다. 제3장, 제4장은 말 그대로 생활 속 아이들을 잘 마주할 수 있게 도움을 줍니다. 연극 치료적 기법을 기반으로 하였지만 교육자로서 어른으로서 우리가 생각해봐야 할 것들에 대해 깊이 있게 담아내었습니다. 반복되는 수업 패턴 속에서 갈 길을 잃고 있는 분이라면 이 책에서 그 해답을 찾을 수 있을 것이라 생각합니다.

이 책은 학교가 교사와 아이들이 만들어내는 문화적 공간임을 깨닫게 해주었습니다. 또한 소중하고 창조적인 지지자로서의 사명감을 가지게 해주었습니다. 잠시 잊고 있었던 첫 수업의 감동, 아이들과의 진실한 만남을 다시 도전하게 해주어 감사합니다. 교사로서, 상담가로서, 예술가로서 아이들을 만난 과정을 글로 남겨준 것에 감사합니다. 교육과 치료는 양립될 수 없을 것 같지만 둘 중 하나라도 부정할 수 없습니다. 유지원 선생님의 책을 통해서 교육자와 아이들 모두 삶의 연결성을 찾기를 바랍니다.

-교육 연극 강사, 연극 치료 강사 정유진

상담 교사로서 연극 치유에 대한 관심을 가지고 다양한 워크숍에 참여하면서, 연극 치유 강사인 작가와 만나게 되었습니다. 그리고 연극 치유를 통해 치유와 힐링을 경험하면서 현재에 집중할 수 있는 큰 에너지를 얻게 되었습니다. 이 책은 사이코드라마가 주는 무거움에서 벗어나 상담자와 학생이 함께 여러 가지 연극 치료 기법을 쉽게 적용해 볼 수 있도록 체계적으로 친절하게 안내해 줍니다. 작가는 약 15년간 교편 생활에서 직접 학생들에게 다양한 교육 연극을 시도해 보았고, 학생들의 행동 변화를 통해 연극 치유 효과에 대한 확신이 컸을 것입니다. 배움과 치유가 필요한 교실에서 그 의미 찾기와 관계 맺음의 중요함을 알고, 학교 폭력 예방과 친구 간의 갈등에서 벗어날 수 있는 강력한 문제 해결의 방법을 이 책에서 만날 수 있게 될 것입니다. 학생들의 오감을 자극하여 감각 통합과 더불어 내면의 통합으로 행복해질 수 있는 강력한 치유 도구로 이 책을 추천합니다.

-서울여자중학교 전문 상담 교사 김정란

기억 속 나를 부정했던 사건들

저는 우울증으로부터 자유롭지 못한 기억이 있습니다. 어머니는 완벽주의적 성향을 가진 카리스마 넘치는 분이셨고 효능감이 높으신 분이셨습니다. 어머니는 저와 언니, 남동생 모두에게 영웅이셨습니다. 언니는 어린 시절 약삭빠른 공주형이었고 남동생은 잘생기고 똑똑한 스타형인 반면, 저는 1에서 10을 못 세는 부진아에 울보였습니다. 어린 시절 인정과 사랑 욕구를 충족하기 위해서 부단히 저의 성격을 바꾸고 어머니가 인정하는 성취를 향해 경주했습니다. 그러면서 성인이 되었습니다. 정상에서 이뤄낸 성취에 기뻐할 수 없었습니다. 그 위에 버티고 있는 더 큰 봉우리가 보이면 더 작은 저를 비교하며 심하게 불안해했습니다. 저의 실수, 어두운 그림자를 수용하는 것에 두려움을 느꼈습니다. 심리적 의존성이 커서 고독을 견디는 게 힘들었습니다.

대학 3학년 시절 연합동아리의 공연 연출자를 맡게 되었는데 이 공연은 실패했습니다. 공연 내내 정신이 나간 사람으로 살았고 공연 후 세 달 동안 방 밖을 나가지 못했습니다. 나를 아는 사람들로부터 조롱이나 비난을 받을 것만 같았기 때문입니다. 남들에게는 부러운 대학이었지만 제게는 실패의 연속이자 열등감의 누적을 준 상처의 공간이었습니다. 20대는 저의 인지적, 사회적 능력 지수가 바닥을 치는 고통의 시기였습니다.

두려운 그림자가 커져 자살을 시도했던 안타까운 청춘의 시기를 겪었고, 이 우울감은 이후에도 가끔씩 독감처럼 이해할 수 없게 찾아와서 제 삶을 휘저었습니다. 그 덕분에 감정과 심리를 알고 싶은 욕구가 강하게 올라와 연극 치료를 공부하고 남의 우울을 상담하게 된 것 같습니다. 또한 부진하고 어려운 처지의 사람들을 돕고 싶어하는 강렬한 마음이 일어나는 것 같습니다.

연극 치료를 공부하고 자격증 과정을 밟으면서 지금까지 마음 챙김 공부를 하였습니다. 특히 저의 내면 아이를 만나고 내면 아이를 위로해주고 사랑을 주었던 연극 치료 수업은 결코 잊을 수 없습니다.

'노력과 도전으로 자랐는데도 과거에 묻혀 슬퍼하고 아파하는 아이의 감정이 지금까지 불쑥불쑥 튀어나오는구나!'

이제는 혼자서도 충분히 조용할 수 있고, 여럿일 때도 충분히 진실하고 사랑할 수 있는 마음의 훈습을 하게 되었습니다. 연극 심리 상담 공부는 어머니로, 교사로, 아내로, 자녀로 살아가는 데 지혜를 주었습니다.

교사라는 소명을 찾아가게 한 사건들

어머니의 반대를 무릅쓰고 대학로에서 남들보다 늦은 나이에 연극 배우를 시작하였습니다. 열심히 하였지만 이상하게도 운이 좋지 않았습니다. 연극의 주인공으로 캐스팅이 되면 공연이 취소되어 버렸습니다. 생계비를 벌려고 한두 문장의 대사를 하는 단역을 맡은 공연은 장기 흥행하였습니다. 간신히 유명 극단에 들어갔지만 권위와 억압이 하도 강해서 인권의 사각지대에 있었습니다.

그 시절 유난히 고통스러웠을 때입니다. 연습장을 나와 아이스크림을 먹는데 갑자기 눈물이 철철철 흘러나왔습니다. 아이스크림의 단맛이 행복하고 자유롭고 싶은 저의 로망을 만나게 해주었습니다. 결국 절에서 삼천 배를 마치고 마음 저 밑바닥에서 '이제 연극은 그만 두자.'라는 목소리를 듣고 연극은 다시 안 하겠다며 대학로를 떠났습니다.

그 절망의 시기에 경기도 여주시의 가난한 중학교 아이들을 위한 공연을 맡게 되었습니다. 이 공연이 제 인생을 바꾸었습니다. 아이들에게 기쁨, 화, 슬픔의 감정을 즉흥으로 표현하도록 하였습니다. 아이들의 가장 아름다운 얼굴을 보았고, 이것을 최대한 공연에 담아내도록 창작해 나갔습니다. '크리스마스 지하철 안'이라는 가상의 공간은 진실과 열정으로 가득 채워졌습니다. 공연을 하면서 '내 안에 아이들의 잠재력을 이끌어내는 능력이 있는 게 아닐까?', '이런 게 내 직업이라면 내가 행복하게 살 것 같다.'라는 생각으로 수능을 보고 교대에 입학하여 선생님이 되었습니다. 초임 교사로 발령받는 교육청 연수에서 태극기를 보며 애국가를 부르는 순간 뜨거운 눈물이 마구 흘러 나왔습니다.

'좋은 선생님이 되겠습니다.'

13년이 흐른 후 서울교육대학교에서 교육연극학과 석사 졸업을 하였습니다. 당시에 암으로 돌아가신 황정현 지도교수님은 연극을 철학적으로 사유하셨고 이를 몸으로 체화하는 과정을 보여주셨습니다. 마치 김동리 소설의 「등신불」처럼 암 투병의 몸으로 강의실에 단아하게 앉아 하신 말씀은 지금도 머리에 남아있습니다.

"다른 사람들이 나를 만나면 불쌍하게 보거나 안쓰럽게 본다. 그러나 나는 학자로서 '삶의 이중성'을 논리적으로 이야기해왔다면 이제 몸으로 체험하고 있다. 암세포는 내 몸에서 앞으로도 계속 있을 것이다. 그래서 나는 암과 싸우는 것이 아니라 암을 인정해주고 암과 친구가 되어 친하게 함께 살려고 생각했다. 그러자 나는 내 몸의 중요성과 살아있음에 감사하게 되었고 주변 사람들이 소중하다는 것을 느끼게 되었다."

그해 가을, 저와 동료들은 지도교수님을 천국의 꽃밭에 올려드려야 했습니다. 그리고 교육 연극이 교육계에서 각광받을 즈음 저는 연극 치료를 공부하기 시작했습니다. 그리고 다문화교육을 박사 과정으로 전공하는 과정에서 이주여성을 위한 치유적 공연을 두 번 연출하게 되었습니다. 교육과 치유를 목적으로 하는 이 공연에서 실패가 있었기에 지금 여기에 있음을 알았고, 과거의 실패를 감사하게 되었습니다. 또한 실패 역시 내가 원하는 게 무엇인지 알려주는 단서임을 깨달았습니다. 무엇을 성취하려고 하기보다 나를 존재하게 하는 욕구를 읽고 그것의 책임과 한계를 인정하고 수용하게 되었습니다. 또한 실수와 실패로 두려움에 떨게 하는 어두운 그림자를 포용하게 되었습니다. 내면의 자아에게 말을 걸면서 정체성을 찾아가는 과정이 교사로서의 소명을 해나가는 데 큰 도움이 되었습니다.

"나 이제 내가 되었네
여러 해 여러 곳을 돌아다니느라 시간이 많이 걸렸네
나는 이리저리 흔들리고 녹아 없어져 다른 사람의 얼굴을 하고 있었네"

-메이 샤튼의 「나 이제 내가 되었네」 중에서-

나의 정체성의 단서들-사람을 중심에 두는 연극

대학 시절 연극반에는 우울한 사람들이 많았습니다. 당시 군부 독재에서 민주주의 의식을 갈망하는 대학생들은 사회적인 책임을 질 수밖에 없었습니다. 대학에서 행해지는 공연 예술은 정치적 수단으로 사용되었습니다. 이런 분위기에서 우리의 마음을 솔직하게 내보이면서 치유를 하는 무대를 만들어 보자고 선배에게 제안했지만 이런 시도는 받아들여지지 않았습니다. 그 시대에는 솔직한 자기 고백이 자칫 이념적인 유약함으로 보일 수 있었기 때문입니다. 그러나 지금 생각해도 이런 연극을 만들어보겠다는 발상은 매우 독창적이었다고 생각합니다. 심리극이나 연극 치료가 우리에게 소개되기 전이어서 치유적 공연은 낯선 미지의 영역이었습니다.

외면보다는 내면을, 형식보다는 내용을 중요하게 여기는 제가 대학로 연극을 하게 된 것은 그야말로 물고기가 땅에서 살겠다고 한 어리석은 결정이었습니다. 스타 시스템의 연극 구조에서 여배우는 외모로 타인의 선택을 받아야 했습니다. 수중에 돈 한 푼 없어 부모님에게 선물 한 번 해드리지 못하는 게 부끄러워서 연극인의 길을 포기하였습니다. 교대 합격을 기다리던 2000년에 '문화예술교육 더베프' 김숙희 대표님이 교육 연극 워크숍을 무료로 청강해보라며 연락하셨습니다. 그것이 계기가 되어 교육 연극을 배웠고 공연 의사소통 방법을 알려주는 「날으는 신발끈」의 조연출을 하였습니다.

처음 발령을 받은 학교의 가을 학예회에서는 「날으는 신발끈」 공연을 수정하여 연출했습니다. 저는 자살 위험 아이를 주인공으로 하는 「36+1=하나」라는 공연을 5천석 규모의 무대에 올렸습니다. 여러 동물 친구들이 눈을 못 맞추면서 소통을 전혀 못하는 아이에게 "내 눈을 바라봐.", "목소리를 크게 해봐."라면서 조력자 역할을 해주었습니다. 공연 후 평균 60점의 성적이었던 아이가 2학기 마지막 시험에서 반 1등을 하게 되었습니다. 대학생이 된 이 아이를 지금도 만납니다.

"언제 한 번 제가 주인공이 돼 보겠어요. 그때 연극이 저를 주인공으로 만들어주었어요. 중학교에 가서도 그 공연 덕에 친구들이 저를 건드리지(괴롭히지) 않았고, 친구들과 잘 지낼 수 있었어요."

그 이후 저는 꾸준히 교육 연극을 이용한 수업을 하였습니다. 감정 기복이 심하고 우울감이 있는 아이, 과장된 자기 연민에 빠져 있는 아이들이 영재 학급에 들어가는 등 기적 같은 감동을 경험할 수 있었습니다. 그런데 수업 실기에서 우수한 성과를 내고 수업 전문성을 연구하는 과정에서 고민이 생겼습니다.

'나는 능력 있는 선생님이 되고자 쓸데없는 것들을 하고 있는 게 아닐까? 나는 과연 좋은 선생님일까?'

아이들을 돌보고 있는 교사가 아니라 나를 돌보기 위한 교육을 하고 있는 것은 아닌지 회의와 의심이 일었습니다. 게다가 학교에서도 변화의 신호들이 발견되었습니다. 2015년 연극반 아이들 중에서 이상하게 동그란 원 안에서 활동하지 않는 아이들이 생겼습니다. 꾸러기들 몇몇은 원 밖으로 나가거나 원을 무시하고 들락날락하면서 교사와 친구를 방해하였습니다. 정규 수업을 하는 교실에서도 한두 명이 아닌 상당수의 아이들이 충동적이고 산만하여 예상하지 못한 행동을 하였습니다. 이때 '전체 아이들을 만나는 수업으로 이 문제를 해결하지 못한다면 개별 아이들을 만나는 수업을 할 수 없을까?'라는 질문을 하게 되었고, 교육 연극의 한계를 느끼기 시작했습니다. 그래서 연극 치료와 다문화교육을 공부하게 되었습니다.

연극 치료는 저소득층 아이들을 연출하면서 교사의 소명을 발견했던 욕구, 즉 아이들의 성장을 도와주는 사람이 되겠다는 욕구를 가능하게 해주었습니다. 드디어 연극을 하는 나와 인간을 돌보고 싶은 나를 연결할 수 있었습니다. 다문화교육은 감성적인 자기애, 자기중심적 에고(ego)에서 벗어나 힘들고 병들고 가난한 약자들 옆에 있으라는 겸손과 반성적 성찰을 하도록 도와주었습니다.

아이들을 중심에 세워주고 싶은 교사가 드리는 연극 활용 수업과 생활교육 매뉴얼

저의 이상적인 꿈을 실제로 펼친 꿈나눔행복반. 2017년에 그 반 아이들을 만나 자신감을 가지게 되었습니다. 우리 교실의 아이들은 제가 접해보지 않았던 할로윈 카페, 저로서는 생각하지도 못하는 축제, 회의, 프로젝트들을 해내었습니다. 평소 생활에서 관용, 친절, 사랑을 보여주었습니다. 저는 아이들에게 즐겁게 배우는 어른이 될 수 있었습니다.

'지식 정보화 시대를 살아가는 우리 아이들이 산업화 시대를 살았던 우리 세대들과 역시 다르구나! 내 상상의 틀을 뛰어넘는구나!'

아이들은 저에게 학교라는 짜인 틀을 벗어나는 해방감을 주었습니다.

2018년 연극을 시작한 지 30년이 되었습니다. 그리고 초등교사로 10년이 지나 15년을 지내고 있습니다.

2004년부터 15년 동안 열심히 연극이라는 방법으로 수업을 하고 상담을 하였습니다. 이 작업들을 온전히 기록으로 남기고 여러 선생님에게 나누고 싶었습니다. 그래서 그동안의 교육과 연극을 접목해 온 기록물이 담긴 상자들을 집으로 가져왔습니다. 2017년 경기도교육연수원 온라인 연수 '연극으로 피어나는 배움과 치유' 콘텐츠를 개발하면서 그 경험은 꽃으로 피어났습니다. 개화의 시간을 좀 더 유지하고 출간을 시도했습니다. 3년간 원고는 출판사를 기다렸고 출간을 포기하고 있을 즈음 이 책이 교사들에게 꼭 읽히기를 바란다면서 저에게 감동과 희망을 주신 출판사 사장님을 만나게 되었습니다.

연극이 교육과정으로 들어오면서 드라마(연극) 수업에 관한 두려움을 갖거나 드라마를 활용한 수업을 잘하고 싶은 교사들에게 이 책을 권하고자 합니다. 2015개정 교육과정에서 과목이 편성되었고, 예술적 수업에 관심이 있는 교사, 상담가들에게 보다 쉬우면서 깊이 있는 매뉴얼이 되도록 노력하였습니다. 여기에 수록된 수업과 생활교육의 자료들은 저와 연극을 낯설어하는 주변 동료들에게도 효과적이었던 것들만 모았습니다. 책 분량을 맞추기 위해 수록할 수 없었던 자료들은 네이버 블로그 '교육연극발전소 & 하모니 다문화예술치유연구소'에 탑재해 놓았으니 참고바랍니다.

연극 심리 상담과 교육 연극적 방법으로 아이와 교사가 상호작용하여 배움의 관계 속에서 행복한 교실을 만드는 수업과 생활교육의 노하우들을 펼쳐보았습니다. 마치 드라마의 도깨비가 기분 좋으면 겨울에도 벚꽃을 흩날리게 하는 것처럼 연극으로 교실에서 행복과 즐거움이 이곳저곳으로 번졌으면 좋겠습니다. 이 책이 누군가의 가슴에 별이 되어 제가 겪었던 연극 활용의 기쁨과 의미가 더 찬란하게 빛나기를 기대해봅니다.

이 책을 쓰는 동안 온라인 연수를 위해 함께 해주신 선생님들과 이효원, 김숙현, 정성희 교수님과 내 인생의 동반자 전인숙 선생님, 격려와 용기를 주신 이근경 수석님, 언제나 씩씩하고 멋진 김윤경 선생님에게 감사드립니다. 언제나 제 곁에서 힘이 되어 주었던 강물옆에서서(인디오 이름) 남편, 사람 관계와 삶의 재미를 시작하게 하는 뛰는말(인디오 이름) 아들 선진, 개성적인 예술과 자기 주장을 하면서 겸손한 날으는 까마귀(인디오 이름) 딸 승희에게 감사를 드립니다. 또한 이 세 사람을 나에게 선물로 주시고 교사의 소명을 주신 하나님에게 감사합니다.

-달빛춤(인디오 이름) 유지원 드림

차례

우리는 우리 자신을 개선시킬 필요가 없다.
그저 우리의 가슴을 막고 있는 것에서
벗어나기만 하면 된다.

−잭 콘필드

제 **1** 장

연극!
배움과 치유의
만남

01 교육의 상담적 접근

1 우리 사회가 원하는 인간상과 역량

우리는 점점 더 행복해지고 있는 것일까?

미래 사회에서 우리는 영원히 늙지 않거나 좀처럼 늙지 않을 수 있다. 건강한 장기를 프린트해서 병든 것과 영구히 교체할 수 있다. 또한 여러 성인의 장점 DNA를 조합한 아이를 디자인하여 만들어 낼 수 있다. 인공지능과 감성적인 대화를 나눌 수 있으며 로봇과의 섹스로 오르가즘을 느낄 수 있다. 이렇듯 과학 상상화나 SF 영화에서의 상상이 가능해지니 인간의 한계가 사라지는 듯하다. 그러나 우리 사회에는 자살, 아동 학대, 노인 학대, 성폭력, 재벌의 갑질, 사람의 장기 매매, 토막 살인 사건 등 온·오프라인에서의 심각한 폭력이 자행되고 있다. 소외감을 느끼거나 관계를 제대로 맺지 못하는 사람들이 늘어가고 있다. 우리는 인터넷을 매개로 폭발적으로 연결되어 있지만 오히려 관계에서의 단절과 고립을 겪고 있다.

인류가 2100년 동안 희생과 열정을 다해 만들어 놓은 민주주의 정치제도가 1944년에 등장한 컴퓨터에 의해 위협받게 되었다. 컴퓨터는 주식 시장을 조작하여 거대 자금의 합리적 유통을 방해함은 물론이고 국민 투표 조작으로 투표 결과를 왜곡시켜 민주주의까지 훼방을 놓을 수 있다. 이러한 범죄는 가시화되지 않는 시스템에서 부지불식중에 벌어지므로 대중들은 피해를 체감하기 힘들다. 순식간에 거대한 인구를 먼지로 바꾸는 핵무기의 위력은 2차 세계대전 이후 50배로 세져 핵무기를 처음 개발하고 실험하는데 성공한 오펜하이머 박사의 "Now I am become Death, the destroyer of worlds."라는 말처럼 인간은 세계를 파괴할 수 있다. 똑똑하고 돈이 많은 엘리트가 개인의 물질적 가치만을 추구하면 한 지역뿐 아니라 전 세계 인류의 생존이 위태로울 수 있다. 그러므로 기계화된 1차 산업혁명 시대, 전기를 대량 생산하게 된 2차 산업혁명 시대, 인터넷과 자동화 생산 시스템이 주도했던 3차 산업혁명 시대를 지난 인공지능, 로봇 기술, 생명과학이 주도하는 4차 산업혁명 시대에서 '바른 인성'이 무엇보다 중요하게 부각되고 있다.

고대인들은 추위와 배고픔의 위협을 받았다. 생리적 욕구와 안전 욕구를 충족하기 위해서 주술을 사용하였다. 벽화에 그림을 그리고 제사를 지내면서 초월적인 신에게 기도했다. 이 시대에는 인간이 상상해 낸 주술적 믿음과 신화는 생존과 결부되어 있어 가시적인 세계와 비가시적인 세계가 서로 공존하고 있었다. 그러나 근대에 이르러 눈으로 측정한 수치를 머로로 사고한 개념과 법칙에 넣어 기계가 발명되었고 근현대화가 촉진되었다. 인간이 세계를 조정하고 통제하는 데 합리성과 효율성이 중요해짐에 따라 이성이 절대시되는 동시에 상상은 현실과 분리되어 경시되었다. 그러나 기술공학이 발전하고 디지털 사회가 되면서 디지털 기술을 휴대할 수 있고 현실과 가상이 중첩될 수 있는 증강 현실이 가능해졌다. 생명공학의 발달은 인간이 상상하는 새로운 종을 탄생시킬 수 있고 종과 종을 결합할 수도 있게 되었다. 고대 중세의 주술적 신화는 근현대의 과학기술이 더해져 기술적 신화로 변하여 언제 어디서나 현실 세계에 가상 세계를 불러올 수 있게 되었다. 쓸데없는 생각으로 치부되었던 공상, 환상, 상상, 망상들이 과학, 예술과 결합하여 첨단 산업의 제품을 만들어내고 있다. 근대 사회에서의 '나는 생각한다. 고로 존재한다.'라는 이성의 절대적 지위는 미래 사회로 진행됨에 따라 '나는 상상한다. 고로 존재한다.'라는 상상으로 대체될 것이다. 우리 사회에서 창의력의 필요성이 전면에 부각되고 있다.

미래 사회의 변화를 고려했을 때 행복하고 성공적인 삶을 살기 위해서 인문학적 상상력, 과학기술 창조력, 바른 인성이 갖추어져야 한다. 이에 교육에서도 지식 정보 사회가 요구하는 핵심 역량을 갖춘 '창의융합형 인간상'을 기르기 위해 2015년 교육과정이 개정되었다.

2009 개정 교육과정에서 추구하는 인간성은 자주인, 창조인, 문화인, 세계인이었다. 2015 개정 교육과정에서는 자주적인 사람, 창의적인 사람, 교양 있는 사람, 더불어 사는 사람으로 개정되었다. 여기에서 교양 있고 더불어 사는 사람으로 바뀐 점이 흥미롭다. 글로벌사회에서의 경쟁과 개인주의를 지양하고 공동체, 소통, 시민성을 발휘하는 협력하고 상생할 수 있는 인성이 강조된다는 의미이다. 미래 사회를 살아갈 창의융합형 인간에게 필요한 역량을 자기 관리 역량, 지식 정보 처리 역량, 창의적 사고 역량, 심미적 감성 역량, 의사소통 역량, 공동체 역량의 6가지로 정리하였다.

자주적인 사람　　더불어 사는 사람

자기 관리 역량　공동체 역량　의사소통 역량

바른 인성을 갖춘 창의융합형 인재

지식 정보 처리 역량　심미적 감성 역량

창의적인 사람　　창의적 사고 역량　　교양 있는 사람

2 배움 중심 수업과 관계 접근 생활지도로의 모색

"학업성취도에서 우월하지만 배움의 즐거움은 하위권에 머무는 우리 교육, 아이들의 흥미와 학습동기를 이끌어내어야 한다. 아이의 능동적 참여 활동을 강화하여 학습의 흥미와 동기를 높인다."[1]

1) 교육부(2015). 2015 개정 교육과정 총론.

교육부는 우리 교육의 미래를 위해 아이의 흥미와 학습동기를 이끌어내고 아이들의 자율성과 적극적 참여가 이루어지는 활동을 강조하고 있다.

이제 학교는 아이들에게 자기 존중감과 자신감, 지식과 세계에 대한 호기심과 왕성한 탐구 동기를 가지는 배움을 갖도록 안내해야 한다. 그리고 아이들에게 나와 다른 남과의 협업이 이루어져 소통하고 공감하면서 연대의식이 생기면서 서로 발전하는 공동체를 위해 헌신할 수 있는 모험과 도전을 기꺼이 하는 경험을 주어야 한다. 이런 맥락에서 아이를 행복하게 성장시키고자 희망을 품는 교사들은 배움 중심 수업과 관계 접근 생활지도에 대한 연구와 실천을 꾸준히 모색하고 있다.

수업을 하고 있는 교사가 내면을 성찰하고 바라봐야 하며, 교사는 '아이 스스로 의미를 발견하고 있는가?', '머릿속의 의미를 자기 삶으로 연결하여 사람과 세계와의 관계를 맺고 있는가?'라는 의미 중심의 수업이 구현되는지 성찰함이 중요하다.[2] 교사가 가르치지 말고, 아이들이 협력하여 서로 가르치고 배우는 활동을 하면서 아이가 사고하고 질문하며 배우는 것을 강조하는 거꾸로 수업 역시 교육 현장에서 각광을 받고 있다. 이때 배움 중심 수업에서 중요하게 떠오르는 열쇳말은 관계와 격려이다.

2) 김태현(2014). 교사, 수업에서 나를 만나다. 서울: 좋은교사운동 출판부.

최근 수업과 생활지도의 두 영역에서 모두 '관계'라는 열쇳말이 강조되고 있는데 이것은 교육과 상담이, 수업과 생활지도가 분리된 것이 아니라 점점 더 밀착되고 있음을 시사한다.

02 교육, 상담, 연극의 만남

1 교육과 상담의 만남

정범모는 교육을 인간 행동의 계획적인 변화라고 규정하였다. 인간 행동을 측정할 수 있는 영역으로 좁히고 교육적 행위를 수량화한다. 교사가 계획한 틀에 학습자가 맞추었을 때 교육 목표가 달성된다고 본다. 그러나 교육이란 인류가 오랫동안 갈고 닦아 축적해 놓은 세계에 먼저 입문한 사람과 알려고 노력하는 사람간의 상호작용이다.[3] 수업 목표는 '계속적인 경험의 재구성'이기 때문에 결코 최종적인 목표란 있을 수 없다. 교육 활동은 학습자와 교사 간 밀접하게 이루어지는 역동적 상호작용으로 협동과 열정이 중요하다. 교사는 학습자의 수준을 진단하고 과제를 제시하고 난이도를 조정해주며 시범을 보여준다. 학습자 스스로 교사로부터 깨우침이 있는지, 그것에 자족하는 마음을 느끼는지 성찰하는 것이 평가의 전부다. 즉, 교사가 수업이 잘 이루어졌는지 알 수 있는 것은 아이의 점수가 아니라 아이와 교사와의 만남에 대한 만족감이다. 상담은 도움을 필요로 하는 사람이 전문적으로 훈련을 받은

[3] 장상호(1991). 교육학 탐구 영역의 재개념화. 교육학연구. 서울대학교 사범대학 교육연구소, 91(2).

사람과의 대면 관계에서 생활 과제의 해결과 사고 및 행동, 감정 측면의 인간적 성장을 위해 노력하는 학습과정이다.

결국 교사와 상담가 모두 역동적인 상호작용의 만남과 인간적 성장을 위해 노력하는 과정을 중요하게 여긴다.[4] 따라서 아이와 교사 간 상호협력과 조화, 이를 통한 변형을 강조하고 있다는 점에서 교육과 상담이 서로 근접하게 된다.

4) 이장호(1995). 상담심리학 입문. 서울: 박영사.

이런 맥락에서 학교에서의 교육과 상담을 아우르는 아들러 이론은 학교 교육에서 각광받고 있다. 아들러는 교사의 목적은 아이의 '자립'이라고 하였다. 교사는 신뢰와 존경을 가지고 아이를 수평적인 관계로 대해야 한다. 벌과 칭찬은 수직적 관계이기에 동의하지 않는다. 일로서 신용의 관계를 맺는 것이 아니라 공동체를 이루는 신뢰 관계를 강조한다. 그러나 관계를 중요하게 여기는 마음에 사랑받으려고 하면 보상을 기대하게 된다. 교사는 사랑에 빠지는 것을 경계해야 한다. 만일 아이가 자주 교사를 찾아오면 기뻐하는 마음을 가질 수 있지만 의존할 대상을 찾는 자립하지 못한 상태인지를 따져보아야 한다.

교사가 '내가 최선으로 아이를 사랑했다.' 그리고 '자립을 도왔다.'라는 공헌감을 갖는데에는 용기가 필요하다. 아이를 만나는 방식에서 공헌감, 사랑, 용기가 없다면 아이를 위한 것이 아니라 교사를 위한 행위로 전락될 수 있음을 알아야 한다. 그러나 나는 나일 뿐이며 나는 받는 게 아니라 그저 주는 사람으로 용기를 내는 것은 무척 힘든 일이다. 이 때문에 좋은 교사로 살기 위해 교사 자신이 어른으로 자립하는 심리적 조율, 심리적 문제에 대한 인식 그리고 자신을 거리 두고 성찰하는 심리적 연습과 훈련이 필요하다.

배움 수업을 하려는 교사는 수업 전에 아이들에게 어떤 배움을 만들고 싶은지, 수업을 하면서 아이들의 내면에서 의미를 찾고 주도성을 가지면서 타인과 관계 맺음을 적절하게 하며, 수업 후에 내 수업을 반성하고 남의 비판을 수용하도록 돕는다.

교사의 목적은
아이의 '자립'이다.

▶ 아들러
오스트리아의 정신의학자.
'개인심리학'을 수립하였으며,
인간의 행동과 발달을 결정
하는 것은 인간 존재에 보편
적인 열등감·무력감과 이를
보상 또는 극복하려는 권력
에의 의지, 즉 열등감에 대한
보상 욕구라고 생각하였다.

긍정적이며 회복적인 관계를 통한 생활지도를 하려는 교사는 공감과 격려하기를 하면서 강점을 읽어주고 부정적인 감정에 휘둘리지 않아야 한다.

아들러가 말하는 자립하는 어른으로 성숙된 인간이 되기 위해 교사 자신의 치유를 병행해야 한다. 교사 자신이 가지고 있는 심리적 방어기제, 심리적 상처, 역기능적 행동 패턴을 인지하고 이것을 경계할 수 있어야 아이들의 처지를 그대로 이해해주고 존중하면서 소통할 수 있다. 평정한 마음과 행복한 마음을 가진 교사는 아이들에게 긍정적으로 영향을 미친다. 공감, 소통의 평화적 관계 형성은 교사의 건강한 몸과 마음 상태를 전제로 한다. 따라서 교사에게 치유적 경험과 상담적 기술이 필요하다. 배움 수업을 지향하는 교사는 내면의 소리와 욕구를 알아차려야 한다. 수직적 위계를 버리고 수평적 관계에서 아이들과 진정으로 배우고자 하는 가치는 무엇인지, 아이의 주도성을 극대화하면서 안내자로서 역할을 제대로 하고 있는지 반추할 수 있어야 한다.

좋은 수업을 하기 위해서 교사의 심리 상담적 소양이 필요하다.

2 연극과의 만남

앞에서 설명했던 회복적 생활교육에서 연극 기법들을 사용하기도 하며 긍정 학급 훈육법에서 역할극을 사용하고 있다. 그러나 연극을 단순한 기법이나 형식으로 좁게 이해하는 차원에서 벗어나 교육 연극과 연극 심리 상담에서 다루어지는 철학, 방법론의 구조와 형식에 이르는 넓은 차원으로 이해할 필요가 있다. 연극에 대한 이해는 아이 중심 배움 수업과 회복적 관계에 기초한 생활교육과 상담을 하려는 교사들에게 새롭고 유능한 안내자 역할이 기꺼이 되어 줄 수 있다.

왜냐하면 첫째, 연극은 예술적 수업을 가능하게 한다. 수업은 어려우면서도 평가하기 힘든 측면이 존재하며 미묘한 수업 분위기 속에서 이루어진다. 아이들과 기쁨, 짜증, 무시, 놀림, 흥미, 놀람, 감탄, 분노 등의 감정을 공감하고 유발하며 확인해 나간다. 수업은 학습자에 맞는 수업 방법을 개발하고 예측하지 못하는 우연에 대비하며 보이지 않는 것을 보이는 것으로 만드는 창조적인 일이다. 교사가 아이들이 보이지 않는 세계를 포착하고 반응하도록 열려 있으며 아이들의 마음을 자발적으로 이끌어 가야 함의 중요함을 인정한다면, 인지적 딜레마와 아이러니를 구성하고 아이들의 정서를 휘어잡으면서 안심과 긴장의 호흡을 잘 엮어가는 매혹적인 수업을 원한다면, 내러티브의 전달자로서 감동과 변화, 상황과 정서에 맞는 말과 행동으로 효과적으로 전달하고 싶다면 가르치는 일은 연극적 경험이 도움이 된다. 수업은 '예행 연습' 없이 수행되는 지적 모험의 원형이며 '소망'과 '고뇌'가 어우러진 예술가의 '창조적 공연'이다.[5] 풍부하고 매력적인 연극이라는 형식을 꾸준히 탐구해보고 제시해왔던 방식을 활용한다면 교사는 질적으로 도약할 수 있다.

5) 정성모(2006). 수업의 예술. 서울: 교육과학사.

둘째, 연극은 다양한 학습자들을 몰입하고 만족시킬 수 있기 때문이다. 연극적 표현은 놀이, 드라마, 공연이며 이것은 문학, 토의 토론, 발표 이외에도 음악, 미술, 무용적 요소의 비언어적 매체에 이르기까지 다양하다. 연극적 활동을 하면서 다중지능에 관련된 능력을 사용하게 되는데 언어적 논리·수리적 능력이 낮은 아이들도 재미를 갖고 몰입하게 하여 수업에 참여시킬 수 있으며 아이들의 강점을 부각시켜 자존감과 학습력을 향상시킬 수 있다.

셋째, 연극 심리 상담은 안전한 방식으로 아이 개개인의 맞춤식 교육에 적용할 수 있기 때문이다. 교실에서의 상담적 접근은 집단의 수가 커지면 커질수록 개인의 사적 정보와 권리를 보호받는 안전한 구조로 진행해야 한다. 연극 심리 상담은 은유와 상징의 예술적 내용과 활동 속에서 실제 자신을 그대로 드러내지 않으면서 자신의 감정, 행동, 생각을 인식하고 그것을 변형시킬 수 있다. 또한 교사와 아이들이 상호작용으로 집단 지성과 감성을 모아 가면서 전체 수업을 시작하고 궁극적으로 아이 개개인의 배움을 달성해야 한다. 연극 심리 상담은 전체 수업을 하는 동시에 모둠, 개별 수업을 할 수 있다. 집단 상담을 하기 전 전체 집단의 목표와 개별 아이의 목표 두 가지를 반드시 고려한다. 연극 심리 상담에는 집단의 역동 및 구조를 살피는 동시에 집단 내에서 심리적 이슈나 갈등을 겪는 한 명, 한 명을 만날 수 있는 방법이 있다.

넷째, 연극은 교과, 비교과 수업뿐 아니라 생활교육과 상담 전반에 활용될 수 있기 때문이다. 연극은 인간의 삶의 형식을 드러내주는 이야기를 제공하기 때문에 국어, 사회, 실과, 도덕 교과에 활용되기에 용이하다. 그런데 수학, 과학과 같은 형식 교과에서도 원리를 깨닫는 데 드라마 감각을 활용하여 학습의 효과를 높일 수 있다. 수업뿐 아니라 공연이라는 형식으로 행사, 의식에서 효과적으로 활용될 수 있다.

03 배움과 치유에서의 연극성

2015 개정 교육과정에서 인문학적 소양을 기르기 위해 '연극'과 '한 학기 한 권 읽기'가 도입되었다. 초등학교는 국어 연극 대단원이 개설되었고, 중학교는 국어 연극 소단원이 신설되었다. 고등학교는 연극 과목을 일반 선택으로 개설하였다. 연극 교육을 활성화하려는 이유는 아이들에게 세상을 바라보는 안목과 인간을 이해하는 인문학적 소양을 함양하기 위해 감성과 소통 중심의 학습을 하기 위해서이다.[6]

6) 교육부(2015). 2015 개정 교육과정 총론.

그러나 연극의 교실 활용에 대한 부정적 시각이 간혹 있다. "좋은 수업은 연극이 되어서는 안 된다."라고 말하는 교사는 연극을 미리 짜여진 학습 결과를 관중에게 보여주는 쇼(show)와 같다고 생각하기 때문이다. 또는 연극을 교실에 적용하는 것은 문학, 음악, 미술보다 더 막막하게 느끼고 "연극은 내가 하기에는 부담스럽고 어렵다."라고 도리질하는 교사는 무대에서 공연하는 것으로 연극을 좁은 개념의 전문 연극인이 하는 예술 형식으로 인식하고 있다. 일상생활에서 하기도 힘들고 진정성마저 없다면 연극을 교육 현장에 적용할 근거는 당연히 사라진다.

그러므로 연극을 배움과 치유에 효과적으로 적용하려면 넓은 개념의 연극성을 이해할 필요가 있다. 그리하여 연극을 무대와 관객으로 나누어진, 대본이 있는 예술이라는 관점에서 벗어나 인간의 성장 과정에 자연스럽게 작동되는 기제로 바라보는 '연극성'을 소개한다. 사회에서 살아가는 인간은 누구나 연극성을 가지고 있다. 인간의 생존과 사회 적응과 밀접하게 연결되어 있는 연극성을 다음과 같이 설명할 수 있다.[7]

7) 이효원(2012). 연극 치료와 함께 걷다(2판). 서울: 울력.

첫째, 연극성은 인간을 성장하게 한다. 우리는 과거에도 현재도 어떠한 말과 행동을 하고 있다. 그것을 의식적으로 관찰하면서 질문을 던지기도 하고 해석하기도 한다. 연극의 형식에서 가장 필수적인 요소는 행동하는 배우와 바라보는 관객이다. 나의 행동과 이를 반추하는 나의 의식과의 관계는 한 개인 안에 배우와 관객이 지속적으로 작동된다고 볼 수 있다. 또한 나의 행동을 의식하는 남과의 관계는 배우와 관객으로 작동하면서 상호작용이 이루어진다. 따라서 연극성에서의 배우와 관객은 한 사람 안에서 존재하기도 하며 일상을 사는 나와 남과의 관계에서 존재하기도 한다.

둘째, 연극성은 인간을 생존하게 한다. 인물을 연기하는 배우는 '나 아닌 남'을 온 몸으로 자기화하려고 부단히 노력한다. 외적으로 표현되는 행동을 모방하려고 하고 이것을 이끌어내는 내면의 감정과 무의식을 알아내려고 한다. 배우는 나 아닌 남을 몸으로 체험하게 되며 관객은 배우와 감정이입을 하면서 자발적으로 동일시하려 한다. 그런데 갓 태어난 아이는 엄마를 모방한다. 점차 엄마와 감정을 교류하게 된다. 엄마와 감정을 공유하는 학습을 성장하면서 확장해낸다. 연극성의 하나인 감정이입 능력은 친구를 사귀게 하고 직장 동료와 일을 같이 해나가게 한다.

셋째, 연극성은 사회를 존속하게 하고 개혁하게 한다. 연극은 나와 남을 바꾸어 보는 역지사지를 몸과 마음으로 체현하게 한다. 사회에서 함께 살아가는 타인들에 대한 이해와 존중을 가능하게 한다. 또한 연극성은 더 나은 사회제도로 나아가도록 우리를 상상하게 한다. TV 드라마, 연극, 영화가 사회적 약자의 억압 상황을 폭로하고 관객에게 공감을 불러일으켜 사회적 연대를 형성하게 하여 부당한 사회제도에 금을 낼 수 있는 힘을 발휘한다.

그러므로 연극성의 개념으로 보았을 때 우리는 다양한 역할을 통해 타인과 감정이입하고 앙상블을 이루는 배우이자, 자신과 남을 바라보는 관객으로 세계라는 무대에서 사회를 존속시키거나 새롭게 바꾸어 나가는 상상을 하고 있다.

연극성을 통해 교사들과 아이들은 연극을 보다 자연스럽고 편안하게 수용할 수 있다. 학교에서의 연극 활용의 관건은 아이들이 '유능하게 연극을 잘 하기'가 아니라 '배움과 치유의 의미 찾기와 관계 맺음'에 있다. 그렇다면 연극을 배움과 치유를 위해 기능하게 하는 원리는 무엇일까? 그것은 허구, 몸, 역할이다.

1 허구

연극은 현실이 아닌 허구이다. '마치 ~처럼'이라는 상황과 역할의 허구적 세계로 들어간다. 연극을 하는 것은 인간이 음식을 먹는 것처럼 본능적 행동이다. 연극은 play, 바로 놀이이기 때문이다. 어린 아이들은 소꿉놀이를 외부에서 배우는 것이 아니다. 아이들은 연극이라는 놀이를 하면서 현실을 벗어나 자유롭게 상상하고 세계를 창조한다. 이러한 인간의 상상과 창조에 대한 욕구와 실천은 예술로 승화된다. 연극 놀이에서 상상을 못하는 어린아이는 몸과 마음이 건강하지 않다. 반면, 배우가 극적 인물에 심각하게

심취되어 일상에서 기행을 저지르거나 조현병 환자가 현실과 환상을 구분하지 못하여 현실의 삶을 잘 살지 못하는 것도 연극 심리 상담에서 건강하지 않다고 본다.

연극이 허구임을 알아차리는 상태에서 극적 충동과 상상을 즐기고 감히 현실에서 하지 않는 모험을 할 수 있다. 극적 경험은 현실을 몽상적으로 사는 게 아니라 일과 사랑을 하며 건강한 삶을 살도록 도와준다. 연극에서의 허구성은 인간의 창조적 표현과 새로운 통찰의 가능성을 극대화하여 현실에서 보다 새롭고 온전한 삶을 살도록 변화를 일으키게 한다.

2 몸

배우는 몸을 빌어 상상을 표현하고, 몸은 배우의 상상 속의 생각을 드러낸다. 관객의 상상력은 배우의 움직임과 소리와 같은 신체적 표현에 상호작용하며 작동한다. 화가가 붓, 캔버스, 물감을 가지고 작업한다면 연극은 몸으로 일정한 시간과 공간에서 소통하기 때문에 연극은 '지금 여기에서' 현재화된다.[8] 연극을 하는 배우와 관객은 몸이 할 수 있는 최대한의 감각, 감정, 움직임을 최대한 효과적으로 이끌어내어 사용한다. 연극을 하는 배우의 몸은 최대한 예민해지며 관객은 온전하게 경청하게 된다. 배우, 관객들은 공감을 형성하고 카타르시스라는 감동을 얻고자 한다. 연극은 몸으로 현재라는 시간과 공간에서 사람들과 만나게 한다. 이때 '즉흥'이 중요하게 기능한다. 연극 심리 상담에서는 즉흥으로 활동이 시작하며 대부분 즉흥으로 끝이 난다. 상담가는 참여자들의 즉흥적인 자발성이 지속적으로 일어나도록 안내하고 배려한다. 즉흥은 현재의 만남을 최대한 긴장하고 몰입하게 한다. 그러나 현실에서 저지른 실수와 다르게 허구는 책임을 질 필요가 없기 때문에 상대적으로 안전한 놀이가 된다. 주어진 대본과 리허설이 없이 일회성으로 끝나기 때문에 즉흥 연극은 자신의 삶과 상당히 닮아 있다.

8) Jones, P. (2005). Drama as Therapy: Theatre as living. (이효원 역). 드라마와 치료: 연극과 삶. 서울: 울력. (원서출판 1996).

3 역할

한 사람이 사회 속에서 가족, 지역, 직장 생활을 하면서
수행해야 하는 역할들이 다양하게 있다. 관계, 상호작용을
통해 개인의 역할들이 부여된다. 사회적 역할을 수행하면
서 개인의 정체성이 드러난다. 예를 들자면 제비 다리를 치
료해주고 가난해진 형을 도와주는 흥부의 돌봄 행동을 보
고 우리는 흥부에게 착한 사람이라는 정체성을 붙여준다. 연극을 하면서 가상의 역할을
입고 다양한 정체성을 드러낼 수 있다. 내가 품은 마음과 생각은 연극을 같이 하는 구성
원들과의 관계와 소통을 통해서 검증되고 확인받게 된다. 연극이 끝나고 다시 일상생활
을 하면서 일상에서의 정체성과 연극에서의 정체성 사이에 변화를 일으키게 한다.

예를 들어 나는 착한 사람이라고 생각하고 있는 아이가 착한 흥부 역할을 맡아 연극
을 한다. 그러나 즉흥 연극이 시작되자 남에게 화를 내고 전혀 희생하지 않고 주변 사람
과 다툼만 하고 있다면 자신도 착한 사람이 아니었다는 점을 느끼게 되고 관객들이 그
점을 발견해주기도 한다. 착한 흥부의 행동은 어떠해야 하는지를 고민하고 몸으로 연습
하면서 연극 구조에서 착한 정체성을 확인받을 수 있다. 연극 심리 상담에서는 배움과
치유의 목적을 달성하기 위해 연극이라는 허구 속에서 자기에게 필요한 역할을 입고 그
역할을 탐구하며 훈련하는 데 관심을 기울인다.

앞으로 여러분은 2장의 '감각, 몸, 투사, 역할 활용 수업'을 접하면서 위에 언급한 세
가지 연극성의 원리가 어떻게 교실에서 아이들에게 기능하게 되는지를 이해하게 될 것
이다. 용기를 내어 천천히 조금씩 실행을 하게 되면 교사 자신과 아이들에게 드라마틱
한 변화가 반드시 일어날 것이다.

학습 내용

01. 교육과 상담적 접근

02. 교육과 상담의 만남

03. 배움과 치유에서의 연극성

학습 정리

01. 교육과 상담적 접근

지식 정보 사회가 요구하는 핵심 역량을 갖춘 '창의융합형 인간상'을 기르는 교육을 위해 2015년 교육과정이 개정되었다. '창의융합형 인재'는 인문학적 상상력, 과학 기술 창조력을 갖추고 바른 인성을 겸비한 사람이다. 아이를 행복하게 성장시키려는 희망을 품는 교사들은 배움 중심 수업과 관계 접근의 생활지도에 대한 연구와 실천을 꾸준히 지속하고 있다. 배움 수업은 관계, 아이 중심, 활동, 협력, 의미라는 요소가, 회복적 생활교육과 긍정 학급 훈육법에서는 관계, 격려가 중요 요소이다. 수업과 생활지도의 두 영역에서 모두 '관계'라는 열쇳말이 강조되고 있는 것은 교육과 상담이 수업과 생활지도가 분리된 것이 아니라 점점 더 가까워지고 일치되어 가고 있음을 시사한다.

02. 교육과 상담의 만남

장상호의 교육 이론과 상담 이론은 교사와 아이 간 상호관계를 중요시 여긴다는 점에서 서로 근접함을 알 수 있다. 교사/상담자의 목표는 역동적인 상호작용의 만남을 통해 학습자/참여자의 성장을 위해 노력하는 과정을 중요하게 여긴다. 교사는 친절함은 가지되 경계를 가지고 있어야 한다. 아들러 이론에서 교사 자신이 어른으로 자립해야 하는 데 이를 위해서는 교사 스스로 심리적인 조율, 심리적 문제 인식과 자신을 바라보는 성찰이 필요하다. 아이를 교육하기 전에 교사에게 치유가 필요하다. 배움 수업을 지향하는 교사는 내면의 소리와 욕구를 알아차려야 한다. 좋은 수업을 하기 위해서 교사의 심리 상담적 소양이 필요하다. 연극에 대한 이해는 아이 중심 배움 수업과 회복적 관계에 기초한 생활교육과 상담을 하려는 교사들에게 새롭고 유능한 안내자 역할이 기꺼이 되어 줄 수 있다. 왜냐하면 첫째, 연극은 예술적 수업을 가능하게 한다. 둘째, 연극은 다양한 학습자들을 몰입하고 만족시킬 수 있다. 셋째, 연극 심리 상담은 안전한 방식으로 아이 개개인의 맞춤식 교육에 적용할 수 있다. 넷째, 연극은 교과, 비교과 수업뿐 아니라 생활교육과 상담 전반에 활용될 수 있다.

03. 배움과 치유에서의 연극성

연극이 배움과 치유에 효과적이려면 특정한 방법과 실천이 필요하다. 연극을 활용하는 수업을 할 때의 관건은 아이들이 유능하게 연극하기가 아니라 배움과 치유의 의미 찾기와 관계 맺음에 있다. 이를 위해서는 예술 형식으로서의 좁은 의미의 연극에서 인간의 성장에 작동하는 기제로서의 넓은 개념의 연극성을 이해할 필요가 있다. 배움과 치유를 위한 연극의 원리는 허구, 몸, 역할이다.

• **허구**: 연극의 허구성을 효과적으로 활용하면 인간의 창조적 표현과 새로운 통찰의 가능성을 극대화하여 현실에서 보다 새롭고 온전한 변화를 꾀할 수 있다.

• **몸**: 연극은 몸으로 일정한 시간과 공간에서 소통하기 때문에 연극은 '지금 여기에서' 현재화된다. 최대한의 감각, 감정, 움직임을 최대한 효과적으로 이끌어내어 사용한다. 즉흥으로 이 만남을 최대한 긴장하고 몰입하게 할 수 있다.

• **역할**: 연극을 통해 배움과 치유를 일으키는 목적을 달성하기 위해 허구 속에서 자기에게 필요한 역할을 맡고 탐구하며 훈련하게 된다.

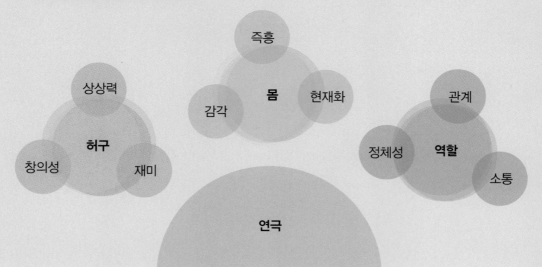

제 **2** 장

감각, 몸, 투사,
역할 활용 수업

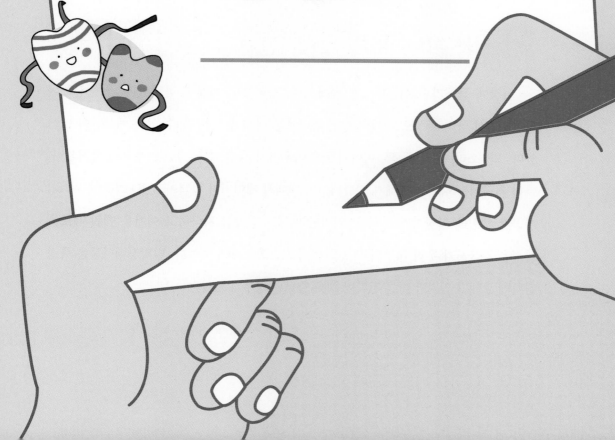

2장 / 감각, 몸, 투사, 역할 활용 수업

01 감각을 일으켜 즐거움 누리기

삶은 달려가는 것이 아니라

천천히 만끽하는 것이다.

−토드 홉킨스

1 감각 이론

극장에 들어가면 어둡다. 그 속에 빛이 들어오고 서서히 극적 인물과 물건들이 들어오면서 극적 환상으로 들어간다. 연극에는 극적 상상을 할 수 있는 매체들이 많이 있다. 빛, 소리, 움직임, 색, 이야기들이 어우러져 문학, 음악, 미술, 무용이 융합된다. 특히 최근에는 디지털 매체가 결합되어 무대에서 레이저가 번쩍이고 3D 영상이 우리의 시공간 체험을 확장시키고 있다. 이러한 매체는 감각을 자극하고 이것을 깨워 새로운 감성을 자극시켜 우리 내부의 새로운 인식으로 유도하게 해준다. 발달장애아들은 특정 감각에 장애가 있지만 다른 감각이 매우 발달된 경우가 있다.

영화 「About Time」의 커플이 어둠 속 카페에서 만나는 장면을 기억하는 사람이 있을 것이다. 시각이 어둠으로 제기능을 하지 못해 촉각, 청각, 미각이 극대화되는 전시관에서 남녀가 처음 만난다. 완전한 어둠 속, 100분간 이뤄지는 참여형 체험 전시!! 7개의 테마를 전문 로드 마스터의 인솔 하에 체험할 수 있는 시각 장애 체험 〈Dialogue in the Dark〉를 나 역시 관람하였다.

〈Dialogue in the Dark〉라는 해프닝 체험은 어둠 속에서 좁은 통로를 낯선 사람들과 지나면서 여행하게 된다. 안내인의 설명을 들으며 무언가를 만지고, 마시고, 이야기를 나누며 앞으로 더듬더듬 나아간다. 서서히 옆에 있는 사람이 고마워지고 안내인을 전적으로 믿고 따르게 된다. 마침내 그가 어둠 속에서 길 안내를 어떻게 그렇게 잘 할 수 있었는지 호기심을 풀어준다. 자신은 시각 장애인이라는 고백을 한다. 시각 장애인이 더 이상 약자가 아니라 구원자임을 아는 순간 그는 관람객을 어둠 밖으로 탈출시키는 임무를 마치며 사라진다. 장애에 대한 인식을 전환시킨 어둠 속 대화는 지금도 내 몸에 남아 있다.

뇌의 40%가 시각을 다루고 있는데, 이는 빛이라는 감각을 감지하는 것이 인간의 생존에 달려 있기 때문이라고 한다. 오랫동안 포식자가 먹잇감을 찾아내고 피식자는 도망가기 위해 감각은 진화하였다. 아기는 자신을 보호하고 생존하기 위해서 엄마의 감각을 느끼고 엄마의 행동을 거울 신경을 통해 똑같이 따라하면서 엄마와 연결되었다. 거울 신경은 상대의 몸짓을 보거나 말을 들으면 그 사람과 같은 느낌을 가지게 한다. 아이와 엄마의 공감은 아이가 사회 속에서 사랑하고 어울리게 하는 사회성으로 발전하게 된다. 우리는 감각을 통해 세상을 느끼고, 감각된 요소들을 뇌에서 사고하며 이것으로 세계와 소통하고, 세상을 바라보는 관점을 갖게 된다. 같은 것을 보더라도 기억이 다른

것은 감각이 다르게 기억되기 때문이다. 다른 기억은 세상의 선악과 가치를 평가하는 관점에도 작용한다.

감각이 살아있으면 감성을 일깨우고, 감성으로 인해 감정이 표출되고, 감성이 풍성해지면 감각도 예민해지면서 적절한 감정 대응도 가능해진다.[9] 우울증 환자에게 운동을 하라는 것은 집 안에서 처져 있는 몸을 바깥 공기, 빛, 소리라는 감각을 만나게 하며 움직임이라는 운동 신경을 사용하게 하는 것이다. 이때 감정들을 표출하지 못하고 뇌 속에 집적되어 얼어붙어 있고, 과거에 부정적인 기억으로 생긴 잡다한 부정적 암시, 기억, 메시지로 채워져 있는 뇌가 활성화된다.

아로마 향을 맡으며 목욕을 하거나 피톤치드의 삼림욕을 하는 것도 이러한 이유이다. 컬러 테라피는 색채를 경험하면서 스트레스를 완화하고 활력을 찾게 한다. 일상적으로 경험하지 않는 공간으로 여행 갔을 때 감각이 살아나는 것을 느낀다. 나는 힘들 때면 뉴질랜드의 케이프 레잉가를 갔을 때를 기억한다. 태어나서 그처럼 거대한 자연 위에 한 점이 되어 본 적이 없었다. 태평양의 넓디넓은 대양과 높디높은 절벽 위에 서 있었는데 거기에서 인간의 보잘것없음과 한 생의 덧없음 그리고 신의 존재에 대한 경외감이 한꺼번에 다가왔다. 지금의 이 힘든 순간은 한 때에 불과하며 나에게 힘듦이 시간이 지나면 큰 의미가 될 것이라며 마음을 다스렸다.

연극 심리 상담가 양성과정에서 가장 힘이 되어주는 공간을 꾸미게 되었다. 나는 거대한 케이프 레잉가를 떠올리면서 난로로 그날 보았던 태양을, 천으로 넓디넓었던 케이프 레잉가의 대지와 대해를 상징적으로 표현했다. 케이프 레잉가라는 공간을 색깔 있는 천, 난로로 표현하면서 내 감각은 과거의 기억을 생생하게 떠올렸다. 이 공간에서 나는 고통이 위로라는 것을 알아차렸다. 그리고 이 작업을 통해서 교사로서 상담가로서의 소명을 확인했다. 이렇듯 연극 심리 상담은 천, 가면, 부직포, 음악, 신체놀이를 통해 감각을 열게 한다. 우리는 낯선 감각을 느끼거나, 동일한 것을 다른

9) 박미리(2009). 발달장애와 연극 치료. 서울: 학지사.

감각을 통해 느끼게 하는 방식으로 사고를 촉진시킬 수 있다. 교실이라는 공간이 주는 감각을 빛, 색, 냄새, 이미지를 다르게 바꾸어주어 아이들의 감성, 감정을 활성화해주고 안정시켜줄 수 있다. 교실의 고정관념, 편견을 포함하는 고정된 사고를 변화시킬 수 있다.

뉴질랜드의 케이프 레잉가 해변

2 감각 활용 배움 수업

감각을 활용하면 새로운 배움을 일으킬 수 있다. 그 이유는 보이지 않는 것을 보이게 할 수 있기 때문이다. 말이나 생각은 보이지 않는다. 우리는 글을 쓰거나 그림을 그린다. 또는 추상적 개념을 몸으로 표현하기도 한다. 이렇게 보이지 않는 추상적 사고를 밖으로 고정하는 방법으로 보이게 하여 시각이라는 감각을 활성화하면서 감정과 사고를 추동해 내는 것이다.

수학에서 활용한 대표적인 예는 『색카드 놀이 수학』[10]이다. 수를 색카드와 몸이라는 감각으로 바꾸어 효과적으로 수학을 가르칠 수 있다. 정경혜 선생님은 십진법의 덧셈, 뺄셈, 나눗셈, 곱셈의 사칙 연산과 분수, 소수의 연산에서 색과 몸으로 수학의 원리를 쉽고 직관적으로 알 수 있는 방법을 개발하였다.

10) 정경혜 (2018). 색카드 놀이 수학. 서울: 맘에드림.

우선 십진법을 이해하는 것부터 예를 들자면, 빨간색 카드는 '일'의 자리이다. 빨간색 일의 자리 카드를 손에 들고 일렬로 서 있다. 일의 자리에 10(명)이 서게 되면 "뻥" 하고 쓰러져서 일의 자리는 비워지고 하늘색 카드 1개로 바뀐다. 하늘색 카드는 '십'의 자리다. 하늘색 카드는 1(명), 빨간색 카드는 0(명)이 되어 이것을 숫자로 쓰면 10이 된다. 하늘색 카드가 다시 10(명)이 되면 다시 "뻥" 터지고 초록색 카드가 된다. 초록색 카드는 '백'의 자리이다. 100이 다시 10개가 되어 "뻥" 터져서 노란색이 된다. 노란색은 '천'의 자리이다. 더 나아가 111이라는 수는 똑같은 1이지만 자릿수에 따라 100, 10, 1이라는 것을 이해하게 된다.

몸으로도 숫자를 표현할 수 있다. 허리는 일의 자릿수, 팔을 움직이면 십의 자리수, 어깨를 짚으면 백의 자리수라는 약속을 한다. 허리 밑은 소숫점 자리수이다. 무릎은 소수점 한 자리수, 발목은 소수점 두 자리수로 약속한다. 이제 온 몸이 숫자가 된다. 142.03는 어깨 1번, 팔 4번, 허리 2번, 발목 3번을 움직여 준다. 10이 되면 한 자리씩 올라가는데 몸으로 십진법을 터득하게 된다. 이 활동을 하면서 아이들은 몸으로, 색으로 십진법의 자릿수 개념을 직관적으로 이해한다. 음악에서 몸과 색을 활용하는 예가 있다. 몸의 아래로부터 위로 올라가면서 도, 레, 미, 파, 솔, 라, 시, (높은) 도의 부위를 정한다. 이것을 몸 계명이라고 하고 몸으로 음의 높낮이를 익히게 된다.

좀 더 수준을 높여 나눗셈을 가르칠 때 아이들이 수가 되어 훌라후프를 놓고 한 명씩 들어가서 똑같이 나누어 줄 때와 훌라후프로 몇 명을 묶어낼 때 등분제와 포함제가 다름을 눈으로, 몸으로 확인하게 되면 아이들이 감탄을 지른다. 부진 아이도 영재 아이도 흥미를 갖고 왕성한 사고를 하면서 수업에 참여한다. 특히 이 방법은 구체적 조작기의 아이들에게 매우 적당한 방법이다.

이 방법을 알고 나는 색과 몸을 여러 배움 수업에 활용해 왔다. 수학에서 직선을 가르칠 때 두 점을 연결하면 선이 되고 직선과 선분의 차이점을 이해하는 수업 목표에서 아이들을 복도로 나가게 하고 아이들 각자가 점이 되어 손을 잡아 연결하게 한다. 가장자리에 있는 아이 둘이 손을 뻗어 양쪽으로 당기면 직선이 되고, 차렷을 하면 선분이 된다. 이때 직선과 선분의 차이를 몸짓과 밀고 당기는 힘의 느낌의 차이로 눈으로 직선, 선분을 보는 것과 다르게 방향감이 있음을 체감하게 된다.

이번에는 국어에서 감각을 활용하는 사례를 소개하겠다.

가장 간단한 방법은 한글이나 영어 단어를 몸으로 나타내면서 놀이하는 것이다. 특히 아이들이 틀리기 쉬운 어려운 된소리, 센소리, 받침을 몸으로 익힐 수 있다. 몸으로 만들어내는 글자의 뜻과 감정을 나타내라고 하면 더욱 인상적이게 된다. "똥"이라는 글자를 만들고 다 같이 읽는다. 그러면서 똥이라는 느낌을 갖게 한다. 교사가 "똥을 붓는다."라는 말을 하면서 아이에게 똥을 몸에 붓는 시늉을 하면 아이들이 움찔거리면서 "휴~" 안심한다. 아이들은 강한 감각적 자극을 받으며 이 단어를 생생하게 기억한다. 교사가 "된똥이 되거라, 설사똥이 되거라." 라고 유머를 섞어 주면 아이들의 눈빛이 초롱초롱해지며 학습이 노동이 아닌 놀이가 된다.

중심 문장과 뒷받침 문장의 관계를 이해하는 배움 수업에서 아이들이 이미지로 표현하면 재미있는 발상이 튀어나와 수업이 창의적으로 빛난다. 흥미 있는 아이디어가 나올수록 창의적 에너지는 더욱 고조된다.

중심 문장 ①과 뒷받침 문장 ②, ③, ④와의 관계를 시각화하여 표현한 그림

위 그림은 중심 문장 트럭 ①안에 뒷받침 문장 ②, ③, ④들이 타고 있다. 중간 그림에서는 중심 문장 컵 ① 안에 뒷받침 문장 ②. ③. ④들이 담아져 있다. 오른쪽 그림에서는 중심 문장이 몸통 ①이 되고 뒷받침 문장 ②, ③, ④들이 꼬리가 되어 붙어 다니면서 춤추고 있다. 교사는 그림을 비교하면서 이들의 공통점을 생각하게 한다. 이를 통해 '중심 문장이 뒷받침 문장을 포함한다'는 개념을 떠올리게 된다. 시각화로 언어 논리의 원리와 개념에 대한 이해를 돕는다.

문단의 형식을 가르칠 때 색상지를 이용하면 좋다. 색이 다르다는 것은 문단마다 생각이 다르다는 것을 느끼게 한다. 색상지를 오려내면서 문단 쓰기의 형식을 가르치는 예를 소개한다.

문단 쓰기의 형식을 가르치는 예

✂ ① 1문단

✂ ① 2문단
✂ ②

✂ ① 3문단
✂ ②

T: 문단이 몇 개가 있지요?

S: 3개입니다.

T: 네. 문단의 색은 왜 다를까요? 문단을 왜 나누게 되나요?

S: 한 문단 안에는 하나의 생각덩어리가 있고 생각이 바뀌면 문단이 바뀌게 됩니다.

T: 세 개의 문단을 비교해 보고 비슷한 점은?

S: 문단의 크기가 비슷합니다.

T: 왜 그럴까요? 문단은 문장으로 이루어지잖아요.

S: 각 문단의 문장 개수가 비슷하기 때문이에요.

T: 네, 맞습니다. 보통 한 문단 안에 세 개의 문장이 들어갑니다.

T: 재미있는 건 (가위를 쥐고) 문단이 바뀔 때는 (색상지의 ①을 오리면서) 반드시 한 칸을 띄고 씁니다.

    그리고 (색상지의 ②를 오리면서) 왜 제가 이 부위를 오리고 있을까요?

S: 문단을 바꿀 때는 줄을 바꾸어 쓰기 때문입니다.

T: 아주 좋아요. 마지막 문장이 여기서 끝나고 다음 문단으로 넘어갈 때는 줄을 바꿉니다. 그런데 빨간색 문단은

    왜 오리지 않았을까요?

S: 마지막 문장이 줄을 다 채웠기 때문이에요.

T: 그럼 지금까지 알게 된 문단쓰기의 형식을 다시 한번 이야기해 볼 사람이 있나요?

S: 생각이 바뀌면 문단을 바꾸어 쓰며, 문단이 바뀔 때 줄 바꾸기를 하고 다음 문단에서 첫 칸은 들여쓰기를 합니다.

T: 네, 정리를 들으면서 더 명확하게 알게 되었나요? 알게 된 점을 배움 공책에 정리해 보세요.

1. 수업 의도 (내 마음에 말 걸기)

어깨가 처져 있고 자신감이 없는 아이, 팔꿈치를 책상에 대고 얼굴을 괴고 구부정하게 앉은 아이, 책상에 엎드린 아이, 얼굴 표정이 긴장되어 있고 잘 웃지 못하는 아이.

아이들의 몸을 보면 마음이 드러난다. 스트레스, 무기력, 우울감이 높은 아이들은 "몰라요.", "싫어요.", "안 해요."라는 말을 가볍게 던진다. 매일 다녀야 하는 학교라는 공간에서 재미를 찾지 못하는 아이에게 학교란 의미 없는 장소이다. 스트레스와 우울감은 감각을 둔화시키거나 마비시킨다. 감각을 잘 느끼지 못함에 따라 감정과 생각도 차단된다. 이런 아이들에게는 감각을 일깨워주어야 한다.

그런데 학교 환경은 무채색에 단조롭고 건조한 느낌이다. 하얀색 벽, 교실의 딱딱한 책걸상, 좁은 통로. 학교의 공간은 창의적이고 활발함과는 거리가 멀다.

'학교에서 새로운 자극을 일으킬 수 없을까?'

'아이들에게 몸과 마음의 자극을 전달하면서 감성과 지성을 일깨우는 방법은 없을까?'

이런 생각을 하고 있었던 어느 해 6월, 한 아이가 필통에 붙어 있는 거울로 천장에 빛을 반사시켜 빛의 움직임을 신기해하면서 놀이를 하고 있었다. 그때 나는 크게 "유레카!"라고 외치고 싶었다. 아이들에게 새로운 감각을 자극시켜 정서와 감성을 바꾸어줄 수 있는 방법은 빛이라는 점을 발견한 것이다.

밝은 빛과 암흑. 어둠 속 조명은 연극적인 환상이 일어나며 마음의 이야기가 피어날 수 있는 장치이다. '암흑 속의 별 하나, 고독'이라는 감정이 올라왔다. 학교는 친구와 만나는 사교의 공간이지만 사교에서 배제되면 심하게 고독한 공간이 된다. 친밀함, 외로움은 랜턴의 빛처럼 움직이면서 변화한다. 삼각관계는 한 친구를 두고 두 친구들이 서로 경쟁하고 친구 관계는 멀어졌다 가까워졌다 감정의 굴곡처럼 변화한다. 우월감을 느끼는 아이 옆에 열등감을 느끼는 아이가 서로 짝을 이루고 있다. 거절, 배신감으로 인한 슬픔, 억울함, 실패로 인한 열등감, 무기력감에 힘들어하는 교실에 외로운 아이가 있다. 외로움이 주요한 정서인 아이는 친구에게 밀착하여 상대를 불편하게 하거나 반면 친구에게 다가가는 것을 두려워하여 먼 거리를 유지한다. 학교에서의 친구 관계는 On Off Line이라는 현실과 가상 공간 어디에서도 초대받지 못함, 질투하는 친구 모함하기, 고자질하기, 놀림과 무시하기 등등의 관계로 긴 여행을 떠나 방황하게 한다. 고독의 이야기를 빛과 어둠이라는 감각을 통해 이끌어내고 싶다.

2. 수업 목표

빛과 거울로 새로운 감각적 경험을 통해 창의적 이야기를 창작할 수 있다.

3. 수업 의도 (내 마음에 말 걸기)

이야기를 바꾸고 싶었던 곳은 어디였나요? 이야기를 바꾸어 나만의 이야기를 만들어 봅시다.

4. 수업 개요

가. 색깔 빛으로 교실 천장과 벽에 장식하며 춤추기
나. 어둠 속에서 별의 스토리 극화하기
다. 나만의 스토리 창작하기

5. 수업 활동

가. 색깔 빛으로 교실 천장과 벽에 장식하며 춤추기

플라스틱 거울을 햇빛에 반사시킨다. 교실 벽에 빛이 닿아 생기는 반짝이는 무늬를 즐기면서 다양한 변화를 실험한다. 자기만의 공간을 찾아 서서 빛을 조정한다. 아이들이 교실에 자유롭게 서거나 앉아 있다.
셀로판종이의 색을 고른다. 플라스틱 거울에 셀로판종이 색을 덮는다. 아이들은 '빛의 마술사'가 된다. 환상적인 음악(예:Secret Garden)을 들려준다. 음악의 리듬을 느끼면서 교실 공간에 다양한 빛깔의 빛으로 무늬가 자유롭게 변화된다. 여러 명의 친구들과 함께 다양한 색의 앙상블을 만들어낸다. 자연스럽게 아이들은 춤추는 동작으로 움직인다.

나. 어둠 속에서 별의 스토리 극화하기

조명을 끄고 커튼을 친다. 교실이 컴컴해진다. 암흑만 있는 교실에서 교사가 이야기를 시작한다. 교사의 이야기에 나오는 주인공 별을 할 아이를 캐스팅한다. 주인공 별이 된 아이는 LED 전등을 켜서 교실 천장에 별을 쏘아 올린다. 교사의 이야기에 따라 별을 움직인다. 위치, 이동 속도, 움직임, 빛의 세기 등을 변화를 주면서 별은 극적 인물이 된다. 친구 별을 맡은 아이가 주인공 별을 캐스팅하는 게 좋다.

교사의 스토리텔링: 별의 여행

어둠만이 있는 우주 한가운데 외로운 별 하나가 있었습니다. 왜 이 별은 혼자일까요? 언제부터 혼자였을까요? 이 별의 심정은 어떨까요? 그래서 별은 저렇게 둥둥 떠다니고 때때로 두려워 떨기도 하는군요. 어느 날 이 별은 결심했어요.

'친구를 찾아 떠나자.'

별은 머나먼 길을 여행하기로 작정했습니다. 여행을 하면서 막막할 정도로 시간은 흐르고 흐릅니다. 점점 별은 지쳐서 약해지고 희망을 잃어갔습니다. 별의 마음은 어떨까요? 이 별은 후회를 하고 있을까요? ▶아이들 반응을 듣는다.

그런데 저 멀리에서 네 개의 별들이 다가왔습니다. 외로운 별은 너무도 신이 났습니다. 무어라고 할까요? ▶아이들 반응을 듣는다.

"(신나게) 우리 함께 놀~자."

다섯 개의 별들은 서로 부둥켜안기도 했고, 손을 붙잡고 원을 그리고, 오른쪽으로 돌고 왼쪽으로 돌았습니다. 춤을 춥니다. 또 어떤 놀이를 했을까요? ▶아이들의 대답을 수용하여 이야기를 진행한다.

처음으로 친구와 놀아 본 외로운 별은 드디어 깊고 깊은 잠을 자게 되었습니다. '이제 더 이상 난 외롭지 않았어. 두렵지 않아.'

아주 오랜 시간 잘 수 있었습니다.

그런데 외로운 별이 자는 동안 하나의 별이 멀어져 갑니다. 또 하나의 별도 사라집니다. 네 개의 별은 서로 이야기를 나누며 길을 떠나려 합니다.

(다급한 분위기로) 여러분이 별을 깨워 주세요. ▶아이들 반응을 유도한다.

별은 잠에서 깨어나면서 떠나는 별들에게 무어라고 말할까요? 외칠까요? ▶아이들의 대답을 받아들여 이야기해 준다. 별은 그제야 자신이 또 혼자임을 알게 되었죠.

    …….

   그러나 별은 말했습니다.

"재미있었다. 반가운 친구를 만나 잘 놀았고 깊은 잠을 잘 수 있었어." ▶마지막 별의 말은 교사의 의도에 따라 바꿀 수 있다.

다. 나만의 스토리 창작하기

▶ 아이들과 함께 이야기 극을 만들고 나면 각자 나만의 이야기를 창작하게 한다.

T: 우리가 같이 만든 이야기의 제목을 달아 볼까요? 왜 그렇게 생각하나요?

T: 이야기에서 내가 가장 인상적이었던 곳은 어디였나요?

T: 이야기를 바꾸고 싶었던 곳은 어디였나요?

T: 〈별의 여행〉 이야기를 바꾸어 나만의 이야기를 만들어 봅시다.

6. 유의점

가. 교사는 아이들이 빛, 색의 신비로움을 감각적으로 충분히 자유롭게 즐기도록 교사가 관여를 줄이고 아이들의 활동에 감탄하면서 함께 빛의 마술사 놀이에 참여한다.

나. LED 전등을 누구에게 주어야 할까? 교사는 친구 관계를 맺지 못하고 계속 고립감을 느끼는 아이에게 주인공 별을 캐스팅하여 외로움을 느끼는 아이가 자신의 마음을 투사하고 불빛으로 자기의 마음을 표현하도록 돕는다. 교사가 친구 별과 사이가 좋지 않은 친구를 캐스팅 할 수도 있다. 극적 허구 속에서 둘의 관계를 긍정적으로 변형하도록 도울 수 있다.

다. 스토리는 교사가 아이들에게 물어보고 아이의 아이디어를 수용하여 이야기를 변화시켜 나간다. 별의 이야기 구조는 친구를 찾아 길 떠남. ⇨ 친구들을 만나 즐겁게 놂. ⇨ 친구와 헤어짐이다. 스토리의 큰 구조는 지키지만 세밀한 부분은 아이들의 상상과 역동으로 구체화된다.

라. 교사는 스토리를 말하면서 LED 전등 불빛의 움직임에 변화를 주도록 도와주고 아이들의 즉흥적인 LED 전등의 움직임에 맞추어 이야기를 수정한다. (예: 별은 빠르게 돌아다녔다. 그리고 멈추어 섰다. 이쪽저쪽을 번갈아 바라보았다. 서로 원을 그리며 돌았다.)

7. 성찰

햇살 좋은 날 갑자기 교실 천장의 이곳저곳을 반짝거리는 햇살이 빠르게 움직여 눈부셨다. 아이들 몇 명도 탄성을 지었다. 새롭고 신기하며 낯선 순간이었다. 아이들에게 과학 교과서 뒤에 플라스틱 거울을 꺼내게 하고 과학실에서 LED 전등과 셀로판 종이를 가져오게 하였다.

우리는 순식간에 빛의 신비, 빛의 예술을 즐기게 되었다. 그중 시각 장애가 있는 아이가 딴 때와는 다르게 웃고 있었다. 창문가에 있는 아이는 늘 수업에 퉁명스럽고 딴짓을 부리기 일쑤였지만 온몸에 음악의 리듬을 싣고 지휘하고 있었다. 마치 마술사처럼 자신이 이 모든 신비를 부리듯 이 순간에 몰입하고 있었다. 하나하나의 다양한 색조가 빚어내는 빛의 아름다움에 우리 모두가 하모니를 이루었다. Secret Garden의 음악……. 비밀의 정원이 열린 것이다. 아이들의 표정과 몸이 밝아지고 편안해졌다. 어두운 표정으로 가위를 가지고 장난치다 앞의 아이를 무심결에 찌르는 화가 많은 아이도 음악과 빛의 움직임에 따라 평화로이 춤추고 있었다.

도입 부분 색깔의 빛들이 음악에 맞춰 교실 공간을 떠다니자 교실은 완전히 다른 디지털 공간이 되었다. 어릴 적 처음 놀이 공원을 갔을 때 들어갔던 '요술의 집'이 떠올랐다.

아이들은 별의 여행 마지막 부분을 자기 식대로 창작하고 싶어 했다. 교사가 들려준 〈별의 여행〉 이야기는 아이들마다의 상상 여행 이야기로 새롭게 창조되었다.

이렇게 창작된 이야기는 아이 개개인의 친구 관계에서의 힘듦과 바람을 볼 수 있는 귀중한 상담 자료가 되었다.

〈자기 세계를 필요로 하는 아이의 창작 이야기〉

〈시각 장애 아이의 창작 이야기〉

그날 밤이었어요. 하늘이 어두컴컴하고 천둥 번개가 "우르렁!" 쳤어요. 그날 밤 사람들은 잠을 못 잤어요. 나는 잠이 안 와서 의자 위에 앉아 무엇을 준비하고 있었어요. 갑자기 누가 문을 두들기기 시작했어요. 저는 그 준비한 것을 주며 말했어요.

"이것은 안 보이지만 나에게 가장 필요하니까. 네게도 마찬가지 일 거 같아."

다음 날 그녀를 만났어요. 바다낚시를 하러 갔다가 그녀도 어떤 사람이 같이 앉아 있는 것을 봤어요. 그 사람과 그녀는 이어폰을 한 짝씩 귀에 꽂고 무언가를 같이 듣고 있었어요. 그것은 음악이었는데…….

외로운 사람의 감정과 그것을 도와주는 어떤 착한 사람에 의해 어떤 이로운 점을 받는지에 대한 답을 알게 되었다.

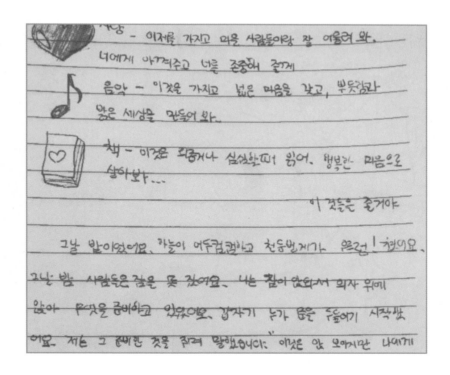

8. Q & A

Q: 플라스틱 거울로 할 수 있는 다른 활동은?

A: 현대 미술은 새로운 감각을 표현하여 미적 체험을 만들어 가는 방법으로 새로운 재료를 선택하는 것이 중요하다. 플라스틱 거울 재료로 빛, 이미지를 다양하게 다룰 수 있다.

아이들에게 플라스틱 거울을 주고 새로운 이미지를 창조하고 이를 사진으로 찍어 가장 기괴하면서 아름다운 모습을 만들어 내라는 미션을 준다. 그리고 사진을 미러링으로 TV화면으로 보여 주면서 이야기를 나눈다.

▶ 아이들은 플라스틱 거울을 말아서 그 안에 분홍 고양이 인형을 집어 넣었다. 거울 안에 반사된 이미지를 사진으로 찍었다.
이제까지 보지 못했던 낯설고 아름다운 광경이 미러링을 통해 확대되어 보였다.

학습 정리

01. 감각 이론

감각을 통해 세상을 느끼고, 감각된 요소를 뇌에서 사고하며 이것으로 세계와 소통하고, 세상을 바라보는 관점을 갖게 된다. 감각이 살아 있으면 감성을 일깨우고, 감성으로 인해 감정이 표출되고, 감성이 풍성해지면 감각도 예민해지면서 적절한 감정 대응도 가능해진다. 연극 심리 상담은 천, 가면, 부직포, 음악, 신체 놀이를 통해 감각을 열고, 사고를 촉진할 수 있다. 교실이라는 공간에서 주는 감각을 빛, 색, 냄새, 이미지를 다르게 바꾸어 주어 아이들의 감성, 감정을 활성화하고 안정시켜 준다.

02. 감각 활용 배움 수업

감각을 활용하면 새로운 배움을 일으킬 수 있다. 보이지 않는 것을 보이게 하는 전략으로 시각화하여 감각을 활성화하고 감성과 사고를 추동시킨다.

03. 감각 활용 수업 사례

빛과 거울로 새로운 감각적 경험으로 창의적 이야기 창작하기

02 몸으로 즉흥으로 살아보기

자신을 최대한 활용하라.

왜냐하면 그것이 당신에게 있는 전부이기 때문이다.

−왈도 에머슨

1 몸과 즉흥, 살아보기

　프로이트는 무의식적인 억압과 감정이 신체를 통해 나타난다고 믿었다. 과거의 부정적인 기억이 몸의 어느 부분에 통증으로 남아 있다고 보았다. 통증을 호소하는 환자를 프로이트는 무의식의 마음을 들여다보면서 치료하였다. 몸은 과거의 이야기를 저장한 공간이다. 의식적으로 인식하고 있지 않은 억압된 기억들이 몸에 남아 있다. 이것을 '신체의 기억'이라 한다. 기억이 몸에 남아 있지만 감정을 차단하면 신체와 감정이 일치되지 않게 된다. 감정을 느끼고 표현하면서 행동이 드러나는 경우가 있고 감정과 반대되는 행동이 드러나는 경우가 있다. 신체 표현을 하면서 감정 표현이 편안해지고 자연스러워지게 된다.

무의식적인 억압과 감정이 신체를 통해 나타난다.

▶ **프로이트**
오스트리아의 정신과 의사이자 정신 분석학의 창시자이다. 프로이트는 무의식과 억압의 방어 기제에 대한 이론 그리고 환자와 정신 분석자의 대화를 통하여 정신 병리를 치료하는 정신 분석학적 임상 치료 방식을 창안한 것으로 유명하다.

연극적 작업으로 몸속 깊이 묻혀 있는 기억, 느낌을 끌어내어 기억과 느낌을 의식할 수 있다. 신체적 몸뿐 아니라 인지적 몸, 정서적 몸, 영혼의 몸을 통합할 수 있다. 영혼은 머릿속에서 이미지만으로는 소통할 수 없다. 사람들과 소통하기 위해서는 인간의 몸이라는 공간이 필요하기 때문에 인간의 몸속으로 들어간다. 결국 몸을 통해서 남과 소통하며 남과 소통하려면 몸이 필요하다.

옛이야기는 과거형으로, 드라마는 현재형으로 진행된다. 과거의 이야기 속으로 혹은 미래의 이야기 속으로 배우의 몸이 들어가는 순간 배우는 현재라는 시간을 살아가게 된다. 드라마 수업에서 배우들은 '마치 ~처럼'의 허구적 상황에서 즉흥으로 살아간다. 몸은 '지금'이라는 시간과 '여기'라는 공간에서 역할을 입고 존재한다. 즉흥을 하는 배우는 과정을 만들어가지만 결과를 예측하지 못하기 때문에 삶의 긴장감에 놓이게 된다. 즉흥은 배우들에게 삶에서의 자연스러운 연기를 하면서 진실을 드러나게 한다. 즉흥을 하는 몸의 행위를 통해서 나와의 소통이 깊이 있고 진정성 있게 다루어질 수 있다.

따라서 연극이 미술, 사진, 음악과 크게 다른 점은 인간의 몸이 중요한 매체(도구)가 된다는 점이다. 몸에 의해 연극은 현재를 살게 하고 즉흥에 의해 자신과 주변을 탐색하여 배움과 치유의 변화를 일으키게 된다.

영국의 도로시 헤스코트는 교실에서 드라마 수업을 통해 교육 목표를 실현하는 「DIE(Drama in Education)의 교실극」 양식을 개발하였다. 교실극에서 자주 사용한 것이 바로 「드라마로 살아보기(Living through Drama)」이다.

살아보기는 책읽기와 드라마를 구분하는 특징이 될 수 있다. 책을 읽어 주면서 아이들은 머리로 인물을 상상한다. 그런데 드라마는 스토리 안으로 몸이 들어와 역할을 수행하게 된다. 드라마에서 살아보면서 단순히 행동하는 차원이 아니라 상황을 겪으면서 그 속에서 우리가 어떻게 변화해나가는지 볼 수 있다. 헤스코트는 드라마 수업에서 아이들이 실제 삶의 속도와 같은 체험을 해야 한다고 주장하였다.[11] 동시에 드라마 작업 내에서 아이들이 긴장을 유발하는 뒤죽박죽한 혼돈(Man in a Mess) 상황에 놓이게 하여 지금 이 순간 쉽지 않은 도전 과제에 직면하여 아이들이 해결해 나가는 과정을 고민하는 '살아보기' 전략을 개발하였다.

11) Taylor, P., & Warner, C. D. (2013). Structure and spontaneity: the process drama of Cecily O'Neill. (한국교육연극학회 역). 시실리 오닐의 교육 연극-과정 드라마: 구조와 즉흥. 서울: 연극과 인간. (원서출판 2006).

　　'살아보기'를 하는 드라마 수업에서 아이들은 몸으로 역할을 입고 상황을 연기하기 때문에 인물과 이슈를 공감한다. 아이들은 이제까지 경험하지 못한 시·공간, 상황을 허구적으로 경험할 수 있다. 드라마 수업의 '살아보기'를 통해 여러 가지로 복잡하게 얽히고 연관된 삶 전체를 상상하고 다각적인 차원에서 경험할 수 있다. 즉 '살아보기'는 허구 속에서의 체험을 하며 아이들이 의미를 탐색하는 배움의 과정을 강조한다.

1. 수업 의도 (내 마음에 말 걸기)

'우리의 소원은 통일'이라는 노래를 부르고 아이들에게 "너희들은 진짜 통일이 되기를 원하니?"라고 물으면 "절대 원하지 않는다."라는 답변을 하는 아이들이 예상 밖으로 많은 것에 놀라곤 한다. 이 아이들은 어떻게 '통일은 혼란과 손해를 준다.'는 부정적 믿음을 갖게 되었을까?

분단 상황은 독재 권력을 연장하고 민주주의를 후퇴시키는 세력에 의해 더욱 고착화되었다. 국가보안법으로 수많은 사람들이 삶이 피폐해지고 고통을 겪어야 했다. 2017년 북한의 핵미사일 발사, 사드 배치로 북-미와 한-중 간 긴장이 고조된 상황에서 관광객 유치에 비상불이 들어왔지만 2018년 남북의 긴장 완화로 평창올림픽은 역대 최고의 흥행 실적을 올렸다. 분단국인 우리에게 전쟁 위기는 막대한 경제적 손실을 주고 있다.

학교는 아이들에게 진실을 추구하고 사실과 가치를 탐구하는 진리의 전당이 되어야 한다. 삶의 이슈는 정치, 경제, 사회 문화와 연결되어 있음에도 아이들에게 어떠한 정치적인 선택과 결정에 대한 교육을 하지 않아 왔다. 왜냐하면 한국의 역사적·정치적 팩트의 일부는 공개될 수 없는 잠금 상태이고, 교사는 정치적 중립의 의무를 지켜야 한다는 이유로 아이들의 정치적 관심과 탐구 활동을 안내할 수 없게 되었다. 분단 상황에서는 균형 잡힌 시각과 관점을 형성하지 못하므로 우리는 이데올로기로부터 결코 자유로울 수 없다.

좌우익으로 나누어진 이분법적인 사고는 우리의 다원적 사고를 방해하고 다각적인 관점을 제한한다. 그리고 한국전쟁에서 형제와 이웃을 죽이거나 죽임당했던 트라우마는 한국인에게 집단 무의식으로 잔재하여 상대를 종북이라고 매도하고 적대시하는 데 영향을 주고 있다. 이러한 의식적 무의식적 차원의 분단 이데올로기는 포스트 모더니즘의 다원적인 문화를 넘어 지식 기반 사회로의 문화 정체성으로 나아가는 데 큰 걸림돌이 되는 것이 분명하다.

'아이들이 통일을 희망하게 하고 싶다.'

그런데 '통일을 지식으로만 학습한다면 과연 전쟁과 분단을 극복하고 평화 통일을 하려는 주체로 아이들을 세울 수 있을까?'

2018년 남북 정상회담으로 이산가족 상봉, 경제 협력이 급물살을 타고 있다. 그러나 태어날 때부터 분단이라는 세계 속에서 살아온 아이들은 전쟁의 위험이나 공포, 북한 주민에 대한 동포로서의 동질감을 당연히 느낄 수 없다. 통일을 해야 하는 필요성, 통일하고픈 바람을 어떻게 머리로 배울 수 있겠는가? 감각과 감성으로 분단의 고통을 체험하는 게 효과적이라고 생각한다. 분단에서 통일까지의 허구적 경험을 제공하는 드라마 수업으로 아이들이 미래의 통일 주체가 되게 하고 싶다.

2. 수업 목표

분단의 아픔과 고통을 이해하고 통일하고자 하는 의지와 태도를 가질 수 있다.

3. 핵심 질문

통일이 가능할 수 있는 조건은 무엇인가?

4. 수업 개요

가. 분단 과정의 사진 순서대로 배열하여 이야기를 나누며 분단에 관한 질문 만들기

나. 교실에 금을 긋고 분단 생활 살아가기

다. 서로의 이견 조정하기

라. 통일 방안 의논하고 통일하기

마. 드라마 속 분단 경험이 들어간 글쓰기

5. 수업 활동

가. 분단 과정의 사진을 순서대로 배열하여 이야기를 나누며 분단에 관한 질문 만들기

▶ 수업 전에 분단 과정을 조사하게 하는 것도 좋다. 교실 한가운데에 분단 과정의 사진이 순서가 어긋나게 흩어져 있다. 두 줄로 마주보고 서서 이야기를 나누면서 역사적 순서대로 사진을 배치한다. 사진에 해설이 있는 것이 좋다. 순서대로 정리하고 나서 사진을 보며 설명한다.

분단 과정

대한민국임시정부의 한국광복군 훈련으로 광복 계획 ⇨ 미·영·중 대표 회담인 카이로 회담에서 일본에 대한 공격과 한국의 독립 약속 ⇨ 여운형을 중심으로 하는 건국 동맹 ⇨ 미·영·소 얄타회담에서 일본과의 전쟁에 소련이 참여하고 한국의 신탁 통치가 거론됨. ⇨ 원자 폭탄 폭격으로 일본 연합국에 무조건 항복 선언 ⇨ 8·15광복 ⇨ 조선건국준비위원회 강령으로 완전한 독립 국가 건설의 강령 발표 ⇨ 김구, 이승만의 민족 지도자 귀국 ⇨ 북위 38° 기준으로 북쪽에는 소련, 남쪽에는 미국의 신탁 통치 결정 ⇨ 남한에 자유주의 정권, 북한에 사회주의 정권 수립 ⇨ 6.25 한국전쟁 ⇨ 휴전 협정 체결로 남북 분단

▶ 분단 과정에서 떠오르는 좋은 질문을 종이에 적는다. 질문지를 교실 곳곳에 붙인다.

　(질문의 예: 왜 우리 스스로 독립할 수 없는가? 분단으로 이득을 보는 입장은 누구인가? **)**

▶ 교사는 아이들에게 "실제로 지금 통일이 이루어지기를 바라는가?"라는 질문을 한다. 통일을 반대하는 입장과 통일을 찬성하는 입장의 이야기를 들어 본다. 이것과 관련된 질문을 적고 벽에 붙인다.

　(질문의 예: 통일 과정은 어떠해야 하는가? 우리는 통일해야 하는가? 등**)**

나. 교실에 금을 긋고 분단 생활 살아가기

T: 우리는 지금부터 분단 속으로 들어가 봅시다.

▶ 분단 과정 사진을 줄에 붙이고 줄을 벽에 달아 교실 공간을 나눈다. 이때 사물함이 있는 공간과 급식을 하는 공간으로 나누는 것이 좋다.

T: 여러분이 원하지 않더라도 지금부터 분단된 나라로 살아보겠습니다. 여기는 "동한", 여기는 "서한"이라고 하겠어요. 각각의 나라는 세 가지 조항을 이제부터 지켜야 합니다.

분단국의 이행 조항 안내

첫째, 각 나라는 국민의 불편한 문제를 제대로 이야기해 줄 대표를 뽑는다.

둘째, 통일이 되기 전까지는 복도, 운동장에서도 서로 이야기를 나누어서는 안 된다. 만일 이야기를 나누거나 정보를 교환하는 것이 밝혀지면 감옥에 갇히게 된다. 이를 위해서 각 나라에서는 경찰을 원하는 대로 뽑는다.

셋째, 만일 두 나라가 협상을 원할 경우에는 유엔의 도움을 받아야 하므로 복도에 회의 공간을 만든다. 대표와 유엔상설위원회 대표(교사)가 협상하며, 그 사항대로 실행할 수 있다. 유엔을 거치지 않는 교섭은 인정하지 않으며 이런 경우 대표를 바꿀 수도 있다.

다. 서로의 이견을 조정하기

▶ 대표가 뽑히게 되고 아이들은 웃으면서 가상 상황 속으로 들어간다. 그러나 시간이 지나면서 아이들은 다른 나라와의 감정이 매우 적대적으로 변화하게 된다. 우선 뒤쪽 쓰레기통 사용, 사물함 사용, 출입문 사용에서 갈등이 일어나고, 갈등을 촉발하는 신경전, 고성, 심각한 발언이 오고 간다. 대표들은 유엔상설위원회 대표에게 회의를 요구한다. 유엔상설위원회 대표(교사)는 각국에서 회의를 하여 협상안을 가지고 쉬는 시간에 회의를 개최한다. 복도에 책상을 놓고 의자를 놓는다. 정식으로 인사하고 협상안을 이야기한다.

▶ 협상에 따라 아이들은 복도에 다시 금을 긋기 시작하며 쓰레기통을 분단선 밑에 놓거나 쓰레기통 하나를 더 가지고 온다. 아이들은 급식 시간 문제를 심각하게 논의한다. 여기에서 갈등이 매우 거세지는 경우 급식을 먹지 못하는 나라가 생기기도 한다. 때로는 불법적 사건(도난, 이탈, 비난 등)이 일어나기도 한다. 유엔상설위원회 대표(교사)와 각 나라의 대표(아이)들은 복도에서 협상을 한다. 이에 따라 교실 환경과 아이의 행동이 달라진다.

▶ 교사는 아이들에게 잠시 처음 가상 상황이 시작된 이후 생각의 변화를 메모하게 한다.

T: 지금 우리들에게 어떠한 일들이 벌어졌는지, 이것이 분단 전과 무엇이 다른지 적어 봅시다.

T: 어떤 문제가 벌어졌는지 이야기해 봅시다.

T: 이것이 현재의 남북한 현실과 어떻게 연결되었는지 적어 봅시다.

▶ 교사는 분단 비용을 생각하게 한다. 교실의 물품과 경찰이 두 배로 늘어나듯이 군인, 경찰, 감옥, 값비싼 무기로 인한 비용이 증가함을 이야기한다. 또한 아이들의 불안감, 적대적 감정이 고비용임을 생각하게 한다.

라. 통일 방안 의논하고 통일하기

▶ 내일 원상태로 회복되기를 희망한다면 오늘 통일이 되어야 하니 다시 가상 상황으로 들어가 통일을 의논하겠냐고 동의를 구한다. 가상 상황의 드라마 속으로 들어감을 약속한다.

▶ 교사(유엔 상설위원회 대표 역할)는 통일을 바라는 사람과 바라지 않는 사람의 숫자를 센다. 그리고 통일이 되기 위한 조건에 대해 회의하라고 한다.

▶ 분단된 두 나라(동한, 서한)는 통일 조건을 내건다. 이때 교사가 고려할 점이 있다. 상대적으로 옆의 나라보다 좀 더 부당한 처지에 있는 나라는 급식을 못 먹게 되었거나 전담 시간에 돌아가야 했거나 사물함을 사용할 수 없었던 피해를 겪었기 때문에 흥분되기 마련이다. 따라서 통일을 유도하기 위해서 이 나라의 요구를 더 들어 주고 그들의 불편을 공감해 줄 필요가 있음을 다른 나라의 아이들에게 안내해 주어야 통일이 가능하다.

▶ 통일을 준비하기 위해서 세계의 유명한 언론사들 앞에서 기자 회견을 준비한다. 이때 대표들이 모여서 성명서를 작성하도록 한다. 촬영과 사진 찍기를 허용해 준다.

▶ 통일의 공동 선언문이 낭독된 후에 유엔 상임위원회 대표가 10초의 카운트 다운을 한목소리로 외치면 가위로 분단의 줄을 자를 수 있다고 한다. 베를린 장벽이 무너지는 배경 화면과 음악이 나오면서 카운트 다운이 시작되고 통일이 된다. 이 순간을 사진 찍는다.

▶ 아이들은 드라마 밖으로 역할을 벗고 지금까지의 즉흥으로 이루어진 드라마 경험에 대해 이야기를 나눈다.

T: 통일이 되었을 때 기분을 이야기해 봅시다.

T: 처음 수직선에 섰을 때 통일에 대한 자신의 입장과 지금의 입장이 달라졌나요?

T: 통일이 가능한 조건은 무엇일까요?

▶교사는 벽에 붙은 질문을 읽어 주면서 아이들에게 여러 다양한 사고가 일어나도록 돕는다.

마. 분단 경험이 들어간 통일에 관한 글쓰기

T: 이제 글쓰기를 시작하겠습니다. 글쓰기의 종류에는 여러 가지가 있지요. 신문 기사문, 논술, 광고, 시 중에서 한 가지의 형식을 골라 글쓰기를 합니다. 글의 내용은 오늘 수업하면서 내가 겪었던 드라마 경험입니다.

▶교사는 통일 교육 드라마 수업에서 찍은 사진을 제공하여 아이들이 기억을 떠올리는 데 도움을 준다.

6. 유의점

아이들의 나이가 올라갈수록 가상 상황의 갈등은 크다. 그러나 이 상황을 다음 날까지 연장해서는 안 된다. 그럴 경우 허구성, 놀이성이 사라지고 아이들에게 서로 상처로 남게 되고 이 시간들이 오래 지속되면 가상 상황이 현실 상황이 되기 때문이다. 이것으로 나중에 부정적 감정이 오래 남을 수 있고, 교사에게 원인을 전가하여 감정적 화살이 날아올 수 있다. 분단과 통일을 하루에 겪게 하여 통일이 되었을 때의 좋은 점을 이야기하거나 가상 상황에서 거리를 두어 객관화해 보면서 반성하고 토의 토론하는 시간을 갖는다. 드라마 수업에서 가장 중요한 점은 '이것이 허구다'라는 안전장치를 계속 작동하는 것이다. 그래야 여러 가지 실험과 시도를 하면서 상상과 변형이 일어날 수 있다.

7. 성찰

급식을 못하게 된 것, 사물함을 더럽혀 경찰에게 체포되었던 것 등에서 상대국에 대한 분노가 예상보다 컸다. 양쪽 모두 상대에게 진정한 사과를 받기를 원했다. 상대에게 사과문을 작성할 때도 사실을 확증하려고 하고 통일이 아닌 전쟁을 해야 한다는 입장을 말하는 아이도 있었다.

아이들을 진정시키기 위해 "통일을 논의하고자 하는 위원들이 모인 자리이다. 여러분은 통일이라는 큰 것을 위해서 작은 것을 내려놓아야 하는 지혜와 용기를 가지고 있다. 유엔은 지금 통일을 하지 않을 경우 분단이 영원히 계속될 것이라고 판단한다. 그러므로 상대국이 납득할 수 있는 사과문을 작성하는 게 좋을 것이다."라고 하였다.

그래도 분이 풀리지 않는 아이 몇 명이 있어 눈을 감고 상대국의 사과를 들었던 나의 감정 상태를 잠시 생각하자고 했다. 그리고 지금 통일하고 싶어 하는 사람은 손을 들라고 하였다. 손을 들지 않는 아이가 있었다. 그래서 통일을 원하는 사람들은 가위를 들고 분단의 끈을 자를 것이고, 원하지 않는 사람은 행동하지 않아도 된다고 말해 주었다. 쇼스타코비치의 교향곡 5번 4악장의 마지막 부분을 틀어 주어 축포가 터지는 기쁨의 분위기를 자아내려고 했다. 분단의 끈이 끊어지자 친구를 열렬히 끌어안는 아이, 서로 이야기를 나누는 아이들, 웃고 장난하는 아이들이 점점 많아졌다.

"분단 상황이 오히려 재미있었다." 혹은 "통일을 끝까지 하고 싶지 않다."는 아이가 있었다. 통일하고 나서 그토록 고집스러워 보였던 아이들이 빨리 평정을 되찾는 모습이 놀라웠다. 언제 자신들이 화를 내면서 결코 통일하지 않겠다고 했냐는 듯 친구들과 웃고 떠들고 있었다.

아이들을 보면서 나에게 두 가지 배움이 일어났다.

'나의 신념이 타인에게 고집으로 느껴질 수 있겠구나!'

우리 사회가 매우 관점이 다른 사람들과 살아가는 다원적 사회이기 때문에 사고의 스펙트럼이 매우 넓고 차이가 크다는 생각을 했다.

그리고 '분단이라는 상황이 우리를 감정적으로 격앙시키고 분열시키고 있으며, 만일 통일이 우리에게 이루어진다면 우리가 예상한 속도보다 훨씬 빨리 조화롭고 평화로운 시대가 올 수 있지 않을까?'라는 생각을 처음으로 하게 되었다.

8. Q & A

Q: 드라마 수업을 하게 되면 아이들이 교사가 예상하지 않는 방향으로 반응할 때도 있다. 어떻게 하면 수업 목표를 제대로 달성할 수 있을까?

A: 통일 교육은 대체로 창체 시간에 이루어진다. 창체 수업은 교사가 지금 나의 아이들과 나누기를 희망하는 배움이 무엇인지에 대해 살펴보고 그것을 정성껏 디자인하고 수행해 나가는 개성적인 수업이 될 수 있으며 다가치적 융합적 목표를 달성할 수 있다. 이러한 점에서 드라마 수업 모형으로 적절하다. 그러나 자칫 드라마 수업이 교사가 예상하지 않는 여러 상황과 문제들이 제기되어 초점이 흐려지면 배가 산으로 올라가는 산만한 형국이 될 수 있다.

따라서 교사가 통일 교육 수업에서 아이들이 무엇을 경험하고 어떤 것을 느끼기를 바라는지 분명히 정해야 하며 이에 따라 핵심 질문을 결정한다. 아이의 발달 단계에 따라 집중할 수 있는 시간이 제한되어 있기 때문에 불필요한 부분은 과감하게 넘어가고 핵심 질문과 관련된 곳에서 머물러 깊이 있게 탐구한다. 즉, 드라마 수업 중에 교사는 자신의 수업 의도가 관철되는지, 수업 목표와 연결된 핵심 발문이 제대로 진행되는지에 늘 깨어 있어야 한다.

1. 수업 의도 (내 마음에 말 걸기)

청소년 죽음의 가장 큰 원인이 자살이다. 안타깝고 가슴이 아프다. 미디어에는 따돌림을 당하는 청소년이 자살을 선택하는 극단적인 장면이 노출된다. 연예인들의 자살을 모방하는 사회 분위기가 생기는 경우도 있다. 인간이 돈보다 저평가되고 낮은 가치로 위치 지어지는 물질 만능주의가 팽배한 사회일수록 자살을 합리화하는 경향을 부추긴다.

나 자신이 가장 소중하다는 것을 알기 위해서 소중한 사람들을 적게 한 후 카드를 하나씩 버리게 하여 마지막으로 남은 카드가 '나'임을 확인하는 수업을 두 번 보았다. 그러나 내가 소중한 가족을 버렸다는 죄책감을 들게 할 수 있고, 가끔은 나 자신의 카드를 버리는 아이도 생길 수 있어 공개 수업을 보면서 아쉽고 안타까웠다.

'소중한 사람을 버리려는 순간 남을 지켜내고자 하는 용기를 내게 하고, 살고자 하는 욕구를 느끼게 하는 수업을 할 수 있을까?'

빅터 플랭크가 의미 요법을 연구하게 된 계기는 아우슈비츠 수용소 경험이었다. 이것을 아이들이 허구적으로 체험할 수 있으면 가능하지 않을까? 그는 죽음이라는 극단적 상황에서 생존할 수 있었던 힘은 꿈을 갖는 것, 즉 생존의 의미를 찾는 것과 예술과 유머를 사용하는 것이었다고 『죽음의 수용소에서』라는 책에서 증언하고 있다.

자살은 죽음의 경계에 놓여 있는 것이며 드라마는 의미를 구하는 예술적 체험이므로 죽음 앞에서의 삶의 의미를 아이들이 찾을 수 있도록 드라마 수업을 해보고 싶다.

2. 수업 목표

힘든 환경에서 살아가는 의미를 발견할 수 있다.

3. 핵심 질문

우리는 어떠한 힘든 상황에서도 왜 살아야 하는가?

4. 수업 개요

가. 나에게 소중한 5가지를 카드에 적기

나. 아우슈비츠 수용소에서 살아가기

다. 죽느냐? 사느냐? 살아보기

라. 꿈 희망 읽어주기

마. 수업 정리하기

5. 수업 활동

가. 나에게 소중한 5가지를 카드에 적기

T: 수업을 시작하기 전에 너희에게 소중한 사람이나 물건을 다섯 개를 적으세요. 단 카드(종이) 한 장에 한 사람, 혹은 한 개의 물건을 적어야 합니다.

나. 아우슈비츠 수용소에서 살아가기

T: 드라마 수업을 시작합니다. 여러분은 한국인입니다. 한국인을 싫어하는 히틀러가 나타났습니다. 그래서 우리 모두는 아우슈비츠 수용소로 가는 열차를 타게 됩니다.

T: 이제 저는 모자를 쓰면 독일 병사가 됩니다. 1, 2, 3(드라마에 들어가는 신호).

T(독일 병사 역): 하이 히틀러. 질 나쁜 한국인들은 모두 수용소에 가야 한다. 먼저 남자와 여자는 나누어져야 한다. 살아남으려면 충고를 들어라. 첫째, 절대 아픈 척하지 마라. 둘째, 먹고 싶지 않은 것이라도 꼭 먹어야 한다. 셋째, 병사가 있는 곳에서 수군대지 마라. 반항의 조짐을 보이지 말라. 가지고 있는 소지품을 다 조사한다.

T: (모자를 벗고 교사로 돌아와) 여러분이 갖고 있는 카드에 물건이 있다면 모두 X자를 긋습니다. 물건을 모두 빼앗겼기 때문입니다. 만일 카드에 사람을 적었다면 만 45세 이상인 사람은 지워야 합니다. 왜냐하면 나이든 사람은 노동을 할 수 없으니 말이죠. 당연히 아픈 사람도 지워버려야 합니다.
이제 여러분이 쓴 사람들의 90%는 가스실에서 죽게 됩니다. 만일 두세 사람이 여러분의 카드에 있다면 한 사람만 남기고 지워야합니다. 90%가 죽었으니까요. 자기 자신은 지우지 않고 버티고 있나요?
산 사람들은 저기 한쪽에 죽은 사람들을 태우는 시커먼 연기를 바라봅니다. 시체의 냄새가 나고 내가 아는 누군가의 기름이 타들어가는 것이죠.

다. 죽느냐? 사느냐? 살아보기

T: 그런데 어느 날 수용소에 소문이 돌기 시작합니다. 죽을 정도로 고통스러운 막노동을 피할 방법이 있다는 것입니다. 반항하는 사람을 감시하고 독일군에게 정보를 주는 스파이를 하면 수용소에서 살아남을 수 있다는 소문에 수용소 안의 사람들은 술렁거리기 시작합니다.

T: 어느 날 독일 병사가 들이닥쳤습니다.

T(독일 병사 역): **하이 히틀러! 누군가 사람들을 선동하여 집단 탈출을 감행하려 하는 자가 있다는 것을 알고 있다. 누군지 아는 사람을 말하지 않으면 모두 죽음을 당할 것이다.**

▶아이 한 명을 정하여 복도로 데려간다. 죽음을 당하는 연기를 진지하게 해줄 수 있냐고 물어본다. 그럴 수 있다면 교실 한가운데로 데려간다. 교사가 조준을 하고 "따당" 총소리를 내면 포로 역할을 하는 아이는 죽는 시늉을 한다.

T(독일 병사 역): (죽은 시늉을 하는 아이를 끌고 나가며) **이제부터 배신자를 대지 않으면 하루에 한 명씩 처형한다.**

T: (교사가 되어) **이렇게 처참한 곳에 있으면서 사람들은 두 가지를 생각했습니다. 한 가지는 죽음을 선택하는 것이고 다른 하나는 어떻게든 살아남는 희망을 품는 것입니다.**

T: **여러분은 어느 쪽을 선택할지 생각하세요. 자살을 택할 사람? 희망을 품고 살아야겠다는 사람? 자살을 택하는 사람은 어떻게 죽을지 적으세요. 살아야겠다는 사람은 왜 살아야 할지 이유 혹은 여기서 나가면 하고 싶은 꿈이 무언지를 적으세요.**

▶자살을 택한 아이는 선택한 방식으로 죽게 한다.
▶살아남겠다는 아이는 꿈과 희망을 이름과 함께 적은 종이를 상자에 담게 한다.

라. 꿈 희망 읽어주기

T: **드디어 전쟁은 끝이 나고 히틀러는 물러갔습니다.**

▶살아남겠다는 아이들의 종이가 들어 있는 상자를 열어 교사가 읽어준다(예: "○○야, 가족을 만날 수 있어. 이제 자유야." "○○야, 이제 게임을 할 수 있어. 넌 자유야." 등).
▶모든 아이들은 이제 자기 자리로 돌아가 드라마 밖으로 나온다.

마. 수업 정리하기

T: (지식 채널 e의 "인생은 아름다워"를 보여 준 후) **빅터 플랭크가 되어 자살하려는 사람에게 해주고 싶은 짧은 글을 적어봅시다.**

▶글들이 모아지면 교사는 이것을 게시한다.
▶이 중에서 가장 마음에 드는 문장을 캘리그라피로 그리게 하고, 교사는 코팅하여 책갈피로 만들어 준다.

6. 유의점

총살을 당하는 포로 연기를 하지 않겠다고 버티는 아이에게 교사는 지금 드라마 수업을 하고 있으며 이것은 허구임을 말해 주고 드라마 수업 진행을 위해 도와주면 원하는 것을 들어주겠다고 아이와 협상한다. 더 좋은 방법은 평소 교사와 관계가 좋고 연기를 선뜻 해줄만한 아이에게 수업 전 연기를 해줄 수 있는지 동의를 받는 것이다. 그러나 포로수용소의 사람이 되지 않겠다는 아이가 있을 수 있다. 이럴 경우 가만히 있음을 허용하면서 상황을 관찰하는 관객 혹은 신문기자, 작가의 역할을 준다. 적극적인 역할을 맡아 행동하지 않아도 되며 드라마를 머리로 상상해도 충분하다고 말해 준다.

7. 성찰

아이들은 수용소에서의 드라마 수업에 매우 열정적으로 참여해 주었다. 수용소에서 이루어지고 있는 억압의 구조, 죽음이라는 사건과의 만남이라는 상황에서 아이들은 극적인 선택을 해야 하며 딜레마와 반전 상황이 주어졌다. 아이들은 다음과 같은 소감을 남겼다.

아이들 소감

- 수용소에 무참히 죽은 사람이 너무 불쌍하고 나도 위급한 순간에 인생의 의미를 찾을 수 있다고 공감했다.
- 살아야 한다는 마음이 간절했다.
- 삶에는 모든 희망이 있다.
- 삶의 의미 그리고 어떠한 상황에서도 살아남는 사람이 있다.
- 전쟁으로 인해 수많은 사람들이 희생된 것이 너무 슬펐다.
- 나에게 의미 있게 다가온 것은 자유이다.
- 나는 수업 중에 생명의 소중함과 내가 가지고 있는 것의 중요함을 알았다.

8. Q & A

Q: 교사가 역할을 연기하지 않는 자살 예방 교육 수업은?

A: 교사가 역할을 하는 것이 부담스러울 수 있다. 그래서 교사가 연기하지 않는 자살 예방 교육 수업을 소개한다. 이 수업은 죽음 체험을 경험하게 한다. 실제 자살하는 사람들이 가장 심각하게 고민하는 것이 자살의 방법과 주변 사람들의 반응이다. 이 수업에서는 자신의 인생을 점검하는 성찰을 할 수 있다.

1. 유언장 쓰기

▶빈칸에 간단한 단어를 써서 자신의 유언장을 쓴다.

나(이름)는 평생 [   ]을 위해 살았다. 사람들은 이런 나를 [   ]라고 불렀다.

2. 죽음 체험

▶두 명씩 짝을 짓는다. 한 사람은 산 자의 역할, 다른 사람은 죽은 자의 역할을 한다. 죽은 자 역할을 맡은 아이는 안대로 눈을 가리고 찬 교실 바닥에 눕는다. 산 자 역할을 맡은 아이는 죽은 자 역할을 하는 아이의 몸 위에 천을 덮어 주면서 의식이 시작된다.

▶교사는 슬픈 배경 음악을 틀고 다음과 같은 멘트를 해준다.

교사의 멘트

내 팔은 점점 굳어가고 다리도 서서히 굳어갑니다. 내 몸 위를 개미가 기어 다니지만 나는 간지럽지 않습니다. 내 몸이 흙으로 덮여지고 있습니다. 나는 점점 움직이지 못합니다. 내 얼굴이 천으로 덮여집니다. ▶파트너가 얼굴까지 천을 덮어 준다.

내 몸은 땅속 깊은 곳에 내려가고 있습니다. 나는 움직일 수 있을 것 같지만 전혀 움직이지 못합니다. 그러나 사람들의 목소리는 또렷이 들립니다. 내가 사랑하는 가족들, 친구들이 나에게 하는 말소리가 들립니다. 슬픈 울음소리도 들려 옵니다. 나는 그들을 불러 봅니다. 그러나 내 목소리가 나오지 않습니다. 나는 주변의 소리에 집중하며 소리를 듣습니다. ▶파트너는 죽은 자 역할의 아이가 쓴 유언장을 천천히 또렷이 읽어 준다.

내 유언장이 들려 옵니다.

▶죽은 자 역할을 하는 친구의 유언장을 듣고 교사는 다시 역할을 바꾸어 체험하도록 안내한다.

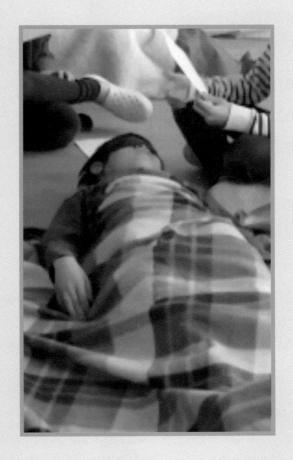

3. 소감 쓰기

T: 죽음 체험 중에 내가 쓴 유언장을 들었을 때 어떤 생각을 하였는지 소감을 배움 공책에 씁니다.

4. 유의점

이 수업은 초등학교 중학년 이상의 아이들에게 적당하다. 왜냐하면 저학년 아이들은 허구와 실제의 경계가 분명하지 않아 죽음을 실제 상황이라고 느낄 수 있어 자칫 역할 벗기를 못하면 무서움, 두려움을 계속 느낄 수 있기 때문이다.

학습 내용

01. 몸과 즉흥, 살아보기

02. 통일교육 수업 사례

03. 자살 예방 교육 수업 사례

학습 정리

01. 몸과 즉흥, 살아보기

몸은 '현재'라는 시간과 '여기'라는 공간에서 역할을 입고 존재한다. 몸의 행위를 통해서 소통을 깊이 있게 할 수 있다. 연극적 작업으로 몸속 깊이 묻혀 있는 기억, 느낌을 끌어내어 이것을 의식할 수 있다. 신체적 몸뿐 아니라 인지적 몸, 정서적 몸, 영혼의 몸을 통합할 수 있다. 몸에 의해 연극은 현재를 살게 하고 즉흥에 의해 자신과 주변을 탐색하여 배움과 치유의 변화를 일으킬 수 있다. 즉흥은 배우들에게 삶에서의 자연스러운 연기를 하면서 그들의 진실을 드러나게 한다. 즉흥을 하는 몸의 행위를 통해서 진정한 나와의 소통이 깊이 있게 다루어 질 수 있다. 몸에 의해 연극은 현재를 살게 하고 즉흥에 의해 자신과 주변을 탐색하여 배움과 치유의 변화를 일으키게 한다.

드라마에서 살아 보면서 단순히 행동하는 차원이 아니라 상황을 겪으면서 그 속에서 우리가 어떻게 변화되는지를 보여 준다. 아이들이 실제 삶의 속도와 같은 체험을 한다. 드라마 수업의 '살아보기'를 통해 여러 가지로 얽히고 복잡하게 연관된 삶 전체를 상상하고 다각적인 차원에서 경험할 수 있다. '살아보기'는 허구 속에서의 체험을 통해 아이들이 의미를 탐색하는 배움 과정에 초점을 두고 있다.

02. 통일 교육 수업 사례

분단의 과정을 '살아보기'를 통해 아픔과 고통을 이해하고 통일에의 의지 다지기

03. 자살 예방 교육 수업 사례

아우슈비츠 수용소에서의 '살아보기'를 통해 힘든 환경에서 살아가는 의미를 발견하기

03 투사하여 들여다보기

우리는 의식적으로 가면을 쓰지 않고도
각각의 친구들에게 맞는 특별한 얼굴을 갖고 있다.

– 올리버 웬델 홀메스

1 투사(Project)

투사라는 것은 필름 안의 영상을 스크린에 투사하는 것처럼 안에 있는 것이 밖으로 보이는 것이다. 나의 생각과 감정은 투사라고 볼 수 있다. 그러나 우리는 남의 잘못을 호되게 나무라지만 그것이 자신의 마음임을 알아차리지 못한다. "똥 묻은 개가 겨 묻은 개를 나무란다."라는 속담이 그래서 생겨난 것이다. 투사는 자기 안의 나쁜 점을 보지 않으려고 내 탓이 아닌 남 탓으로 돌려 버리는 방어기제의 하나이다.

반면 투사가 자기 인식의 기회가 되기도 한다. 무의식에 있는 것은 밖으로 투사되어야 인식할 수 있다. 외부의 사람이나 사물을 통해 나의 마음의 일부를 볼 수 있다. 성숙한 어른 자아는 밖으로 투사된 마음의 일부를 나의 마음에서 통합하는 것을 '무의식의 의식화'라고 한다.

체현, 투사, 역할이라는 극적 놀이가 건강한 발달과 성숙을 돕는다.

▶ **수 제닝스**
영국의 대표적인 1세대 연극 치료사. 연극, 놀이, 치료로서의 드라마에 관해 여러 권의 책을 저술하였다.

그런데 연극 심리 상담에서의 투사라는 용어는 심리학의 투사와는 다르다. 이것을 이해하기 위해서 세계적인 연극 치료사인 수 제닝스의 EPR 이론을 소개한다. 그녀는 극적 놀이를 세 가지로 구분하였다.

체현(Embodiment), 투사(Project), 역할(Role)이다. 체현은 몸으로 표현하는 것이다. 체현은 움직임, 소리로 메시지를 전달하는 것이며 놀이의 매체는 몸이다. 투사는 생각과 느낌을 외부 대상에 옮겨 매체를 활용하며 상징, 은유의 방식으로 상상하게 한다. 이에 따라 극적 상상력이 발달되고 확장된다. 조각상, 그리기, 오브제(인형을 포함한 온갖 물건)를 사용한다. 마지막으로는 역할이 있는데 아이들의 소꿉놀이에서 역할을 맡아 연기하는 것을 생각하면 쉽다.

EPR은 극적 행동이 인간의 본능으로서 어떤 단계로 발달하는지를 보여 준다. 체현은 자기에 대한 탐구이며, 투사는 외부와의 관계 맺기이고, 역할은 타인과 외부 세계로의 통합이다. EPR은 자기로부터 시작되어 점차 타인과 외부 세계로 영역을 넓혀가는 발달 단계이다.

체현, 투사, 역할이라는 극적 놀이는 초기 유아의 감각 놀이에서 아동기의 극적 놀이까지의 세 개의 발달 단계를 거치면서 적절하게 놀아지면 건강한 발달과 성숙을 하도록 돕는다.

그러나 만일 체현이 결핍되면 자신의 몸에 대한 뒤틀린 이미지나 식이 장애를 가지게 되고, 투사가 결핍될 경우 손과 눈의 동작과 읽고 쓰는 것이 어렵고, 예술적 능력에 자신감을 잃게 된다. 역할이 결핍되면 다른 역할을 못 입어 관계에서 파괴적이거나 고립된다. 연극 심리 상담에서는 건강한 마음을 회복하기 위해 체현, 투사, 역할 중 결핍된 것을 사용하도록 도와주면서 상담이 진행된다. 예를 들어

몸이 굳어 있고 경직된 참여자는 우선 투사의 방식으로 접근하다가 체현을 제대로
사용하도록 하여 몸의 표현을 확장시켜 준다.

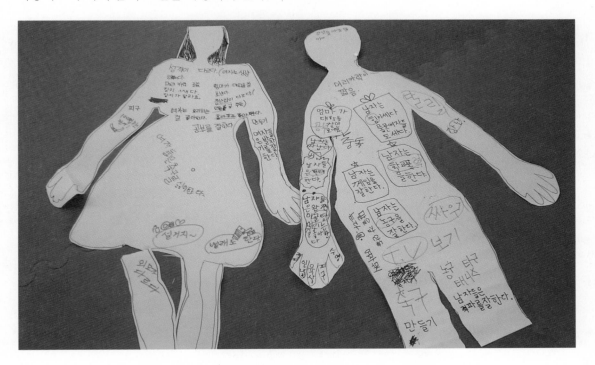

　　종합하건대 연극 심리 상담에서의 투사는 방어기제의 심리적 작동 방식이 아닌
연행적 행위이다. 투사적 놀이에는 그림 그리기, 색칠하기, 그림을 가지고 이야기
만들기, 찰흙놀이, 조각 그림 맞추기 등이 있다. 투사적 놀이를 하면서 다양한 매체를
사용해 자기 바깥에 세계를 창조하며 자신과 허구와의 소통이 이루어진다. 그런데
더 나아가면 연극은 투사의 종합 세트라 볼 수 있다. 연극에서 관객은 자신의 마음을
대상이나 배우의 역할에 수시로 투사하게 된다. 역할 간 관계를 해석하면서 개인, 가족,
공동체의 개념이나 이미지가 드러난다. 상대에 대한 열등감, 질투, 호감이나 비호감
등의 투사로 인한 감정이 올라온다. 내면의 감정과 외부와의 사물, 사람과의 관계를
연극으로 창출하여 통찰, 자아 인식, 인식의 변화를 꾀할 수 있다. 투사를 활용한
수업의 예는 다음과 같다.

1. 투사 활용 수업1: 나와 자연물 시조 짓기

▶ 학교 주변의 자연물을 관찰하며 돌아다닌다. 자연물 중에서 나와 닮은 것을 찾아낸다. 혹은 내가 닮고 싶은 성질을 가진 자연물 앞에 선다. 그것의 장점을 떠올리면서 그것과 마음속으로 대화를 나누게 한다.

▶ 교실에 들어와 다음의 형식에 맞춰 시조를 짓게 한다.

　　초장: 나는 ～(내가 선택한 자연물)이 되고 싶다.
　　중장: 내가 닮고 싶은 자연물의 성질을 표현한다.
　　종장: 나는 ～이 되리라.

▶ 교사는 아이들이 창작한 시조를 궁서체로 입력하여 A4 용지에 인쇄하여 나누어 준다. 아이들은 그 위에 한지를 대고 붓 펜으로 따라 쓴다. 한지 색종이로 찢거나 잘라 배경을 꾸며 전통적인 문양을 꾸민다. 마지막으로 낙관을 붙인다.

▶ 뒤 칠판에 붙이고 한 명씩 나와 낭송한다. 낭송은 자신이 어떻게 살고 싶은지를 전체 앞에서 선언하는 의미를 가지게 한다. 교사는 긍정적인 피드백을 받을 수 있는 기회를 만들어 준다.

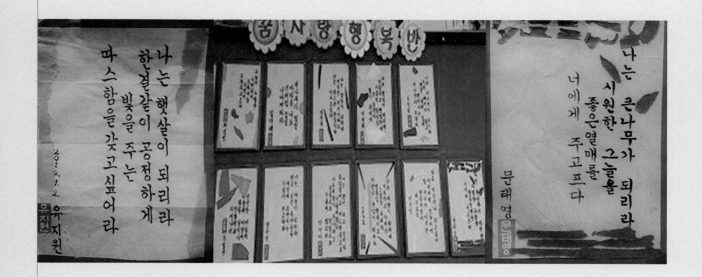

교사

나는 햇살이 되리라.
한결같이 공정하게 빛을 주는
따스함을 갖고 싶어라.

아이들

나는야 돌이 되리 단단한 차돌이 되리
비바람이 불어와도 묵묵하게 이겨내어
한결같이 공정한 열린 쉼터 되리라.

나는 부드러운 바람이 되고 싶다.
보드라운 물결처럼 편안하게 스쳐가는
부드럽고 자유로운 바람이 되리라.

가지 끝에 달려 있는 아기은행잎이 되고프다.
희망을 가지고 하늘을 바라본다.
멋지게 자란 아기 은행잎이 나는 되리라!

2. 투사 활용 수업 2: 나와 걱정 인형

중학교, 고등학교에 올라갈수록 시험 스트레스와 친구 스트레스가 가중된다. 자신의 스트레스를 신문지로 찢거나 구기고 밟아 모두 날려버리는 활동을 한다. 이 활동의 결과 쌓여 있는 신문지 조각들을 모아서 걱정 인형(아래 오른쪽 사진)을 만든다. 걱정이 밀려오면 이 걱정 인형에게 걱정을 모두 맡기면서 마음을 털어놓는다. 남이 보기에 흉측해 보일 수 있지만 걱정 인형을 만든 사람은 걱정거리가 희미해진 뒤에야 처분한다.

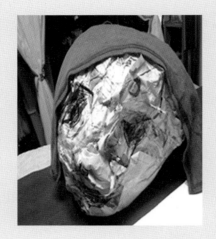

3. 투사 활용 수업3: 나와 도움 인형

자신에게 필요한 것을 가지고 있는 도움 인형(오른쪽 사진)을 신문지 조각과 박스 테이프로 만든다. 자신의 결핍을 위로하거나 대체해 줄 수 있는 도움 인형을 만들면서 인형과 대화를 나눈다. 도움 인형은 몇 살이고 어떤 도움을 주는 인형인지 소개한다. 아이에게 이 인형을 조작하고 움직이고 함께 연극을 만들어 보도록 안내한다.

사진에서 키가 큰 인형은 아래에서 세상을 내려다볼 수 있는 초능력을 가지고 있다. 그래서 뒷일을 알 수 있어 나를 안전하게 해줄 수 있다는 생각을 하는 아이는 자신의 도움 인형을 소개하는 연극을 한다. 이 아이는 이제까지 힘들고 실수했던 것들을 인형이 안심하게 지켜 준다고 말하였다.

엄마 아빠가 늘 늦게 오셔서 밤이 무서운 아이는 '어린 아기' 도움 인형을 만들었다. 아이는 어린 아기 도움 인형을 이렇게 소개한다.

"저는 인형을 돌봐주어야 하기 때문에 밤마다 용기를 낼 수 있답니다. 외로워하지 말고 잘 자라고 자장가를 불러 주면 도움 인형도 자고, 저도 스르르 눈이 감기면서 잘 수 있습니다."

2 가면

1. 가면의 이중성

영화 「마스크」에서 짐 캐리가 연기한 입키스는 어느 날 마스크를 우연히 구한다. 가난하여 위축되어 있는 은행원이이지만 마스크를 쓰면 밤의 황제가 되어 신나게 춤을 추고 총을 든 경찰들까지 춤추게 할 수 있는 매력적인 영웅이 된다. 영화 반칙왕에서 무기력한 회사원이 마스크를 쓰면 강하고 용기 있는 프로레슬러가 되는 것과 같다. 가면은 결핍 욕구를 채워 변신하게 한다.

영화 「V for Vendetta(2005)」에서 가면의 역할은 「마스크」의 것과 다르다. 제3차 세계 대전이 일어난 후 영국은 철저히 통제된 사회가 된다. 피부색, 성적 취향, 정치적 성향이 다른 사람들을 감금하고 억압하지만 사람들은 순응한다. V라는 이니셜을 가진 사나이는 그 사회에 반기를 들며 혁명적 행동을 취한다. 진지하고 긴장감 속에서도 그는 셰익스피어의 희곡 대사와 윌리엄 블레이크의 시를 읊는다. 국회의사당을 폭파하려다 사형당한 가이 포크스의 가면을 쓰고 여유롭게 행동한다. V의 가면은 약자의 얼굴을 가려 저항하는 역할을 돕고 가면을 쓴 자의 자유와 해방을 꿈꾸게 한다.

이 가면은 2018년 대한항공, 아시아나 항공의 재벌에 맞서는 사회적 약자들의 집회에서 은밀한 연대의 코드로도 사용되었다. 영화 「마스크」와 「V for Vendetta」에서의 가면 모두 사람을 변신시킨다. 가면은 가짜 얼굴이지만 진정한 욕구와 진실을 드러내는 진짜 얼굴이라 할 수 있다. 가면을 쓰면 사회적 역할과 지위가 달라지며 영웅이 될 수도 있고 신도 될 수 있다. 주술사들이나 검투사들은 가면을 쓰면서 초자연적 힘을 얻고 신비의 힘을 발휘하는 특별한 체험을 한다.

더 나아가 우리의 얼굴도 사회 속에서 가면의 속성을 가지고 있다. 학대받고 있는 아이는 엄마 앞에서 늘 긴장하게 된다. 아이의 얼굴 표정은 경직되어 있다. 잘 웃지도 않으며 울지도 못한다. 취업준비생들은 취업을 위해 면접을 하는 내내 얼굴에 미소를 띠고 있어야 한다. 미스코리아 대회에 나가는 미인들도 마찬가지이다. 내 속마음을 들키지 않고 주변의 사람들이 요구하는 역할에 맞는 표정을 지어야 한다. 이렇듯 우리는 사회가 요구하는 역할을 인식하며 사회적 얼굴을 지으면서 그 역할을 수행한다.[12] 즉 자연적 얼굴 위에 사회적 얼굴을 쓴 채로 살아가고 있다.

12) Goffman, E. (2016). The presentation of self in everyday life. (진수미 역). 자아연출의 사회학. 서울: 현암사. (원서출판 1959).

배우는 역할의 얼굴을 썼다고 볼 수 있다. 관객은 굳이 배우가 쓴 역할 얼굴을 벗기려 들지 않는다. 오히려 연극에서는 가면을 즐겨 사용한다. 마당극에서 가면을 쓴 광대들은 관객보다 지위가 낮은 천민으로 희극을 방패로 세상과 가진 사람들을 비판하고 풍자한다. 그리스 비극에서 가면을 쓴 배우는 제의, 신화적 분위기에서 관객보다 지위가 높은 영웅이 된다. 현대 연극에서도 마임리스트들은 가면을 애용한다. 가면은 다양한 감정과 생각을 표현하기 위해 몸을 크게 움직이게 한다. 가면을 쓰면 얼굴을 가리기 때문에 가면을 쓴 배우는 말보다 춤이나 몸짓으로 소통하려 든다. 가면을 쓰면 몸이 강조된다. 배우는 가면을 쓰면서 역할을 수없이 바꿀 수 있다. 배우는 가면으로 원래의 얼굴의 이미지와 완전히 다른 역할을 소화할 수 있다. 한 공연에서 여러 가지의 가면을 쓰면서 한 배우가 다양한 역할을 소화하기도 한다. 여기서의 가면은 배우에게 다양한 변신을 도와준다.

2. 연극 심리 상담과 가면

가면은 결핍된 욕구를 드러내고 꿈꾸는 열정을 행동하게 한다. 인간을 자유롭게 변신시키는 가면의 속성은 연극 심리 상담으로 연결된다. 가면이 얼굴을 대신하는 순간 일상세계에서 탈피하여 은유의 세계, 속박이 없는 자유로운 세계에 들어가게 한다.[13]

13) 이선형(2012). 연극 치료에서의 투사연구. 드라마연구, 16(38). 209-234.

가면은 안전하며 부정적인 욕구와 감정을 드러내며 그것에서
해방시켜 준다.

　　내면에 있는 감정 상태를 가면으로 투사하는 연극 심리
상담에서 여러 가지 재료로 가면을 만드는데 신문지, A4종이,
찰흙, 석고 등이 사용된다. 연극 심리 상담 양성 과정에서 나는
가면을 만들면서 의식이 집중되고 에너지가 고양됨을 느꼈다.
가면의 속(오른쪽 위의 사진)은 마음의 상태를, 가면의 겉(오른쪽
아래의 사진)은 사람들에게 보이는 나의 얼굴을 표현하였다.
그림에서 가면의 속은 내 속마음의 얼굴이다. 쓰레기가 끼어
들어가 있고 붉은 구슬 찰흙이 덕지덕지 머릿속을 덮고 있다.
이것을 보면서 '머릿속이 쓰레기 같은 잡무로 엄청 고단하구나.'
라고 생각하며 내 안에 스트레스가 매우 심함을 깨달았다.

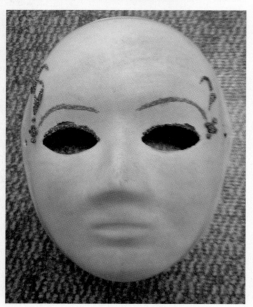

　　가면의 겉은 사람들에게 보여 주는 얼굴로 깔끔하고
푸른빛으로 꾸며놓았다. 힘든 속마음을 전혀 드러내지 않으려
한다. 눈썹 끝부분에 굉장히 공을 들여 파란색 장식을 붙였는데
다 만든 후에 보니 '너무 애쓰며 살았구나! 저렇게 꾸미고
장식하는 게 나도 불편하고 남도 불편하게 느끼겠다!' 고 느꼈다.

　　이후로 나는 기초 화장만 하고 액세서리를 좀처럼 하지
않았다. 외적인 수수함으로 사람들을 더 편하게 만나고 싶었기
때문이다.

　　가면을 쓴 채 거울을 한동안 들여다보고 느껴지는 대로
움직이는 활동을 하게 했다.

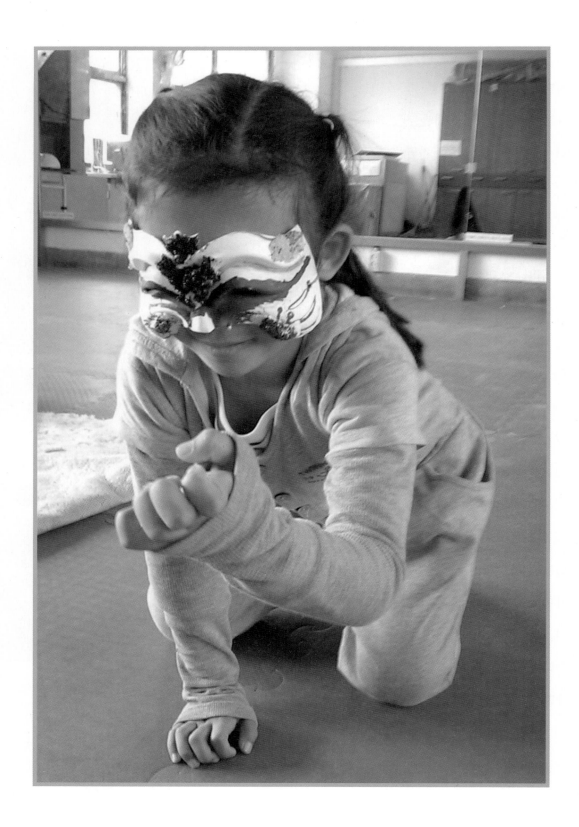

아이는 전학을 온 지 얼마 안 되어 부끄러움을 많이 탔지만 이 아이의 움직임은 매우 과감하고 개성적이었다. 가면이 아이의 속마음을 밖으로 쉽게 이끌어내었다. 아이는 가면을 쓸 때와 벗을 때 얼굴이 달라졌고 가면을 버리지 않고 집으로 가져가고 싶어 했다. 학교 적응을 걱정하는 어머니에게 원래 아이 기질은 활발하고 역동적인 것 같다고 상담했다. 실제로 얼마 지나지 않아 이 아이는 친구와 잘 지내고 수업에도 밝은 표정으로 참여하였다.

붉은 불이 활활 타오르는 눈을 한 동물 가면을 그린 아이는 공격 성향이 매우 크고 에너지가 강하게 느껴졌다. 나는 가면을 만든 아이에게 이 가면을 쓰고 거울에서 느껴지는 대로 움직여 보라고 하였다. 아이는 해태, 기린처럼 신성을 가진 동물이 되었고 칼을 쥐고 전쟁을 하기 시작했다. 친구들과 나는 여러 번 죽어 주었다. 엄청 많은 사람들을 죽여도 아이의 전쟁은 30분 내내 계속되었다. 이 아이는 극적 행위를 하면서 파괴적인 에너지를 예술적 행위로 승화하였다. 나는 가면을 벗은 아이에게 기분을 물어보았다.

"더 하고 싶어요."

그리고 가면을 쓴 동물을 본 아이들이 어떻게 느꼈는지를 말하게 했다. 이때 나는 아이들이 아이와 동물을 동일시하여 아이 자존심을 다치지 않게 하려고 이 친구가 아닌 다른 친구가 표현한 동물이 어떻게 느껴지는지 질문했다. 아이들은 이 동물이 주변을 힘들게 한다고 말해 주었다.

이렇듯 가면 작업을 하면서 참여자들은 정서를 표출하고 숨기고 싶었던 욕구와 갈망을 경험한다. 가면이라는 은유와 상징으로 미처 실생활에서 깨닫지 못했던 새로운 의미를 발견할 수 있다.

3 투사활용 수업 사례

1. 수업 의도 (내 마음에 말 걸기)

학교는 오랜 시간을 같이 보내는 곳이다. 이 공간은 그 자체로 우리들에게 특별한 감정과 생각을 불러일으키게 한다. 즉 개인의 역사를 담고 있다. 학교에 대한 기억 중에는 떠올리면 미소가 지어지는 긍정적인 것도 있지만 다시는 떠올리고 싶지 않은 악몽과 같은 것도 있다.

어느 일요일, 한 대학생이 초등학교로 찾아왔다. 현관에 서서 옛날 교실로 들어가게 해달라고 통사정을 했다. 당직 기사가 곤란하다고 하자 그 학생은 자신의 과거를 말했다. 외국에서 이 학교로 6학년 때 전학 왔다고 한다. 그 당시 반 친구들에게 괴롭힘과 따돌림을 심하게 당했는데 어제 그때로 돌아간 악몽을 꿨다고 한다. 그래서 다시 모교를 찾아왔으며 그 교실에 다시 가보고 싶다고 했다. 결국 그 대학생은 그냥 돌아갈 수 없었다.

당직 기사에게 이 이야기를 듣고 나는 '상처가 되는 기억 그 공간으로 다시 가면 어떨까?'라는 생각을 했다. 시간이 흐르면 과거와 달라지기 마련이다. 그런데 왜 나의 기억은 그대로인가? 지나간 과거를 붙잡고 있기 때문이다. "The past is the past." 과거는 과거일 뿐……. 과거의 공간에 다시 가보면 과거는 이미 지나갔음을 확인하고 그 기억으로부터 자유로워질 수 있다. 그리고 과거에 일어난 사건을 재해석할 수 있을 것이다.

특히 초등학교 6학년, 중·고등학교 3학년 학생들에게 졸업하기 전 학교 공간에 있었던 기억을 정리할 수 있는 수업을 하면 좋을 것이다. 그리고 학교에서 심리적 외상을 겪은 학생에게도 이 활동이 도움이 된다.

학교라는 공간이 자신에게 어떤 의미였으며 친구들에게는 어떤 의미였는지 서로 공유하여 보면 좋겠다. 나는 과거의 공간에서 입은 심리적 화상이 너무 뜨거워 아예 덮어놓았던 아이와 다시 그곳으로 가 치유하는 수업을 하고 싶다. 그리고 과거의 상처에 직면하는 아이에게 이 말을 해주고 싶다.

"많이 힘들었겠구나!"

2. 수업 목표

학교에서 일어났던 과거의 기억을 재해석할 수 있다.

3. 핵심 질문

과거 기억의 공간에 가보고 그때의 기억을 표현하는 활동을 하면서 어떤 생각과 느낌의 변화가 있었는지 소감을 적어 볼까요?

4. 수업 개요

가. 가장 뚜렷한 기억으로 남아 있는 공간 찍기

나. 그때 사건을 장면으로 표현하기

다. 전체 작품 게시하기

라. 소감 쓰기

5. 수업 활동

가. 가장 뚜렷한 기억으로 남아 있는 공간 찍기

▶ 학교에서 자신에게 가장 큰 기억으로 남아 있는 공간을 스마트폰으로 찍는다.

T: 학교에서 일어난 일 중에서 가장 기억에 남는 공간이 어디인가요?

T: 그곳에 다시 가서 사진을 찍어 옵시다.

나. 그때의 사건을 장면으로 표현하기

▶ 아이들이 찍은 사진을 인쇄하여 나누어 준다. 아이들은 그곳에서 일어난 사건을 재현하기 위해서 종이에 사람과 사물을 그리고 오려 사진 위에 붙인다.

T: 그곳에서 어떤 일이 있었나요? 어떤 사람들이 있었고 무엇이 있었나요? 종이 위에 그림을 그리세요.

T: 친구에게 원하는 동작을 해달라고 부탁합니다. 모델이 된 친구의 동작을 보면서 그립니다.

다. 전체 작품 게시하기

▶ 아이들의 작품을 교실 중앙 바닥에 놓고 학교 공간의 구조를 고려하여 배치한다.

T: 운동장은 저기이고, 1층은 여기라고 합시다. 그러면 복도는 어디일까요?

▶ 바닥에 놓인 작품을 커다란 전지에 붙인다. 아이들에게 제목을 물어본다.

▶ 이 작품을 어디다 게시할지를 물어본다. 아이들의 의견을 수용하여 게시한다.

라. 소감 쓰기

▶작품을 만들면서 마음의 변화를 중심으로 글쓰기를 한다.

T: 과거의 기억의 공간에 가보고 그때의 기억을 표현하는 활동을 해보았습니다. 생각과 느낌의 변화를 배움 공책에 적어 볼까요?

6. 유의점

과거의 기억을 되살려 정지 동작을 하면 이것을 친구들이 그대로 몸으로 복사한다. 이 정지 동작을 사진으로 찍거나 그림을 그리는 활동은 가급적 생략하지 않기를 바란다. 왜냐하면 과거의 순간이 내 몸에 들어가면서 기억을 현재화하는 동시에 친구가 나의 거울이 되어 주면서 그때의 나를 거리를 두고 바라볼 수 있기 때문이다.

7. 성찰

아이들은 타임캡슐을 묻었던 기억, 구타당했던 기억, 친구에게 따돌림당했던 기억, 친구들과 즐겁게 놀았던 기억 등을 표현했다. 과거의 일이기 때문에 담담한 분위기였지만 매우 진지하게 활동하였다. 아이들은 전체 작품에 '추억 창고'라는 이름을 지어 주었다. 게시된 작품을 보면서 아이들과 힘겨웠던 기억에 관해 상담을 할 수 있었다.

"그렇게 힘들었는데 잘 견뎌 냈구나!"

그런 일을 다 겪어 냈던 아이를 격려하는 말을 해 주었다. 그리고 아이의 긍정적 힘을 생각하게 하는 질문을 던졌다.

"어떻게 견딜 수 있었어?"

아이는 뿌듯해했다. 힘든 시간을 견뎌 내었던 자기 자신을.

Q: 투사 작업을 할 때 수업에 몰입하지 않는 아이들이 있을 수 있다. 이럴 때 아이의 참여를 높이는 방법은?

A: 표현 방식이 마음에 들지 않을 경우, 자신을 드러내고 싶지 않을 경우, 교사에게 저항하는 경우, 인지 능력이 낮아 이해를 못하는 경우, 무기력한 경우 등의 다양한 원인이 있다. 각각의 원인에 따라 다음과 같이 도와줄 수 있다.

- **표현 방식이 마음에 안 드는 경우**

  아이에게 질문을 하여 다른 표현 방식을 선택하도록 돕는다.

- **자신을 드러내지 않을 경우**

  아이에게 "하고 싶은 만큼 하고 안 하고 싶으면 안 해도 된다."라고 말해 준다.

- **자신감이 없거나 인지 능력이 낮아 이해를 못할 경우**

  교사는 촉진적인 질문을 사용하여 무엇을 어떻게 해야 할지 아이에게 단서를 제공한다. 좀 더 개인적인 도움을 주면서 격려해주어야 한다. 천천히 돌아다니면서 가장 나하고 맞다고 생각하는 친구들의 작품을 골라 보라고 할 수도 있다. 친구의 것을 그대로 따라 해도 되고 변화를 주어도 좋다고 말해 준다.

- **무기력한 경우**

  뭘 해도 귀찮은 아이는 반대로 다른 사람의 시선을 강렬하게 원하는 마음을 가지고 있다. 무대가 주는 힘을 이용하여 혼자 무대에 서게 하여 다수가 온전하게 이 아이에게 초점을 맞추어 시선을 받도록 해 준다. 만일 아이가 무대로 나오지 않는다면 아이가 있는 곳을 무대라고 정하여 그 자리에서 표현하도록 한다. 가만히 있어 주어도 교사와 친구들이 "바위"나 "섬" 등의 역할을 찾아줄 수 있다.

반면 투사 작업을 하면 감정 이입에 빠르고 심하게 몰입하는 아이도 있다. 이럴 경우에는 감정을 인지할 수 있게 언어화하도록 돕는다.

- **언어력이 좋은 아이의 경우**

  말을 시켜 언어로 스스로에게 거리를 두도록 도와준다. 예를 들면 감정의 이름을 붙이고 설명을 하게 한다.

  "왜 이렇게 표현했니?"

  "이 다음에 어떤 일이 벌어질까?"

  "이 사람에게 무어라고 할 거야?"

  라는 질문을 할 수 있다.

- **언어력이 낮은 아이의 경우**

  주변의 다른 아이들에게 "이게 어떻게 보이는지 말해 볼래?" 라고 질문하여 외부의 새로운 관점과 해석을 듣게 할 수 있다.

학습 정리

01. 투사

1. 투사 활용 연극 심리 상담

수 제닝스는 극적 놀이를 체현, 투사, 역할로 구분하였다. 체현은 몸으로 표현하는 움직임, 소리로 우리의 메시지를 전달한다. 투사는 자기를 외부의 어떤 대상에 비춰서 표현한다. 상징, 은유의 방식으로 상상하면서 극적 상상력이 발달되고 확장된다. 체현, 투사, 역할이라는 극적 놀이는 초기 유아의 감각 놀이에서 아동기의 극적 놀이까지의 세 개의 발달 단계를 거치면서 적절하게 놀아지면 건강한 발달과 성숙을 도울 수 있다.

연극 심리 상담에서의 투사는 방어기제의 심리적 작동 방식이 아닌 연행적 행위로서 자신과 허구의 인물 간 소통을 통해 이루어진다. 투사적 놀이를 하면서 다양한 매체를 사용해 자기 바깥에 하나의 세계를 창조한다. 연극 심리 상담에서 투사를 통해 내면의 감정과 외부와의 사물, 사람과의 관계를 창출할 수 있다.

2. 투사 활용 수업

시조 짓기, 걱정 인형, 도움 인형

02. 가면

1. 가면의 이중성

가면은 결핍 욕구를 채워 변신하는 힘을 갖게 한다. 가면을 쓴 자는 자유와 해방을 꿈꾼다. 가면을 쓰면서 초자연적 힘을 얻고 신비한 힘을 발휘하는 특별한 체험을 한다.

우리는 사회로부터 역할을 부여받고 사회적 얼굴을 지으면서 사회적 역할을 수행하며 살아간다. 배우는 가면을 쓰면서 역할을 수없이 바꿀 수 있어 완전히 다른 역할을 소화할 수 있다. 가면은 가짜 얼굴이기도 하지만 진정한 욕구와 진실을 드러내는 진짜 얼굴이다.

2. 연극 심리 상담과 가면

가면은 안전하며 부정적인 욕구와 감정을 드러내며 그것에서 해방시켜 준다. 우리 내면에 있는 감정 상태를 가면으로 투사할 수 있다. 가면 작업을 하면서 참여자들은 정서를 표출하고 숨기고 싶었던 욕구와 갈망을 성취하고, 가면이라는 은유와 상징을 바라보면서 미처 깨닫지 않고 있었던 새로운 의미를 발견할 수 있다.

3. 투사 활용 수업 사례

학교에서 일어난 과거의 사건을 재해석하기

04 역할극으로 감동하기

한 인간을 완전히 이해하는 것보다
더 나쁜 일은 없다.

－카를 융

1 역할극 이해하기

1. 역할극이란?

역할극은 '역할'을 맡은 참여자가 특정 상황에서 즉흥적으로 살아보는 것이다. 역할극은 가상의 상황에서 인물의 역할을 수행해 보면서 현실의 문제를 해결하는 기술을 연습하거나 훈련하거나 가상 인물의 행동을 분석할 수 있다. 또한 상대와의 역할을 바꾸어 상대방을 이해하고 갈등을 완화시키는 데 사용된다.

이에 반해 상황극은 어떤 상황을 설정하고 거기에 맞게 즉흥적으로 연기하는 것인데, 방송 용어로 콩트라고도 하며 TV 예능 프로에서 자주 사용된다. 상황극은 억지스러운 촌극으로 구조적이지 않게 난데없이 진행된다.[14] 그러므로 국어 교과서에서 연극을 사용하여 높임말을 익히는 훈련을 할 경우 "상황극을 하여 봅시다."라고 하기보다 "역할극을 하여 봅시다."라고 하는 게 타당하다고 할 수 있다.

역할극은 크게 대본을 정하여 주어진 틀에서 연습하고 수행되는 방식과, 고정된 대본을 그대로 따르지 않는 즉흥극으로 진행할 수 있다. 또한 교사 주도의 방식, 아이 중심의 방식으로 나눌 수 있다. 즉흥극으로 진행할 때는 배우들과 관객들의 창조성에 집중하기 때문에 아이들의 배움을 중심에 두고 진행할 수 있다. 또한 즉흥극은 '지금 여기에서' 벌어지는 현재성으로 재미와 집중이 배가 된다. 리허설 없는 인생과 같이 연극의 행위는 예상하지 못한 문제에 봉착하게 되어 더욱 진지해진다. 따라서 역할극을 학습자 중심의 문제 해결을 위해 활용하려면 아이들이 주도하는 즉흥극을 하는 것이 타당하다고 본다.

2. 드라마 발달 단계

연극적 행위는 인간이 성장함에 따라 발달한다. 콜버그의 인지적 발달 5단계, 에릭슨의 인성 발달 8단계, 콜버그의 도덕성 발달 단계와 같이 리차드 코트니는 드라마 발달 단계를 4단계로 나누었다.[15] 드라마 발달 4단계는 동일시 단계(0~10개월), 인격화(체현) 단계(10개월~7세), 모둠 드라마 단계(초등학교 시기), 역할 단계(중·고등학교 시기)이다.

가. 모둠 드라마 단계-초등학교 시기

놀이는 작은 공동체로 나뉘며 반원 무대 모양에서 연기하기 시작한다. 모둠 형식을 띠기 시작한다. 이 시기에 수많은 놀이를 경험해야 한다. 놀이의 규칙을 지키려 하지만 새로운 규칙을 자발적으로 만들며 활발한 소통이 이루어진다. 어린이들은 기꺼이 역할

14) http://blog.naver.com/betheshaman 이효원의 연극 치료 이야기. 2017.5.8. 검색

15) Courtney, R. (2007). The Dramatic Curriculum. (황정현 역). 교육연극 교육과 정론. 서울: 박이정. (원서출판 1980).

의 옷을 입으려 하고 신나게 상상력을 발휘한다. 어린이는 자신의 개성을 드러내 주는 즉흥을 선호한다. 즉흥 연기를 하며 창조하고 발명한다. 인지 발달에 즉흥 연기가 중요하며 어린아이의 도덕성 발달에도 긍정적인 영향을 미친다. 왜냐하면 사회적 행동을 배우고 사회적 역할을 모델링할 수 있기 때문이다.

나. 역할 단계-중고등학교 시기

역할 드러내기-중학교 시기

사춘기의 청소년은 역할에 대해 가설을 세울 수 있다. '만약 내 역할이 이렇다면 이렇게 되었을 것이다. 내 역할을 저런 식으로 했다면 어떤 결과로 달라졌을까?' 연기를 하면서 추상적으로 사고하고 논리적인 결론을 이끌어낼 수 있다. 즉흥극을 하면서 미래 사회의 가능성, 직업적 역할을 탐구한다. 사회적 관계와 우정을 다루며 역할로서의 의사소통이 진지하게 일어난다. 큰 모둠의 드라마는 줄어들고 작은 모둠의 2인극을 시도한다. 시작, 중간, 절정, 끝으로 전개되는 드라마 형식이나 반원형 무대 공간에 대한 형식을 탐구할 수 있다.

역할 진실-고등학교 시기

대본이 있는 공연을 잘 한다. 여러 가지 역할과 행동에도 변하지 않는 자신, 즉 자아에 대한 의식을 가지고 있다. 다양한 인격을 상상하면서 입체적으로 연기할 수 있으며 연기하면서 자신의 관점을 반영한다. 즉흥 연극과 형식적으로 갖추어진 연극에서 역할을 탐구할 수 있다. 조명, 무대 장치, 분장의 형식과 대본을 깊이 있게 탐구한다.

3. 드라마 발단 단계에 맞는 드라마 형식 적용

교사는 역할극 활동을 할 때 아이들의 드라마 발달 단계를 고려할 필요가 있다. 초등학교 1, 2학년은 작은 규모의 모둠 안에서 연극 놀이를 하면서 '살아보기(living through)' 연극 활동을 하는 것이 좋다.

반원형의 무대에서 연극을 발표하는 것은 3학년 이상의 아이에게 시도하는 것이 좋다. 5학년까지 즉흥에 의한 역할극 형식이 이루어지는 것이 좋다. 초등학교 고학년부터 중학교에서 역할극과 극본 작업들이 도입되기 시작하면서 고등학교에서 연극 형식과 대본이 있는 공연 형식을 탐구하는 것이 효과적이다.

역할 주기(Casting)

1. 역할 주기(Casting)의 방향

우리는 살아가면서 사회 속의 여러 가지 역할을 맡아야 한다. 엄마, 교사, 딸, 아내, 며느리 등 여러 역할을 적절하게 해내는 것은 그리 쉽지 않다. 어떤 역할은 힘에 부쳐 내려놓고 싶다. 다른 역할에 비해 어떤 역할을 잘못하여 위기에 처하기도 한다.

교사는 여러 역할을 수행하도록 요구받는다. 아이들의 고민과 문제를 해결해 주는 상담사, 계획을 세우고 이를 관리하는 행정가, 안전을 예방하고 사고에 대처하는 안전 지킴이, 꼼꼼히 일자나 수치를 계산하는 회계사, 폭력이나 도난을 해결하는 수사관, 아이들을 웃기고 울리는 예술가 등의 멀티플레이를 요구한다. 내 경우 창의적인 교육 과정이나 예체능을 지도하는 예술가 역할을 즐겨한다. 반면 숫자를 다루거나 고정된 일을 반복하는 회계사나 사무원 역할을 매우 힘겨워하며 그 일을 하는 데 실수가 잦고 짜증을 내곤 한다. 그러나 교사로서 경력이 쌓이면서 회계사, 사무원으로서의 역할을 제때 제대로 하지 않을 경우 주변 교사들에게 손해를 끼치거나 관계에서 괜한 오해를 살 수 있음을 알게 되었다. 따라서 교사 역할을 제대로 하기 위해 창의적인 것과 규칙적인 것을 균형 있게 조화시키려고 인내한다. 연극을 하면서 나에게 부족한 역할이나 나에게 없는 역할이 무언지를 알 수 있다. 또한 이를 보충하여 삶의 균형을 얻을 수 있다.

역할 주기의 원칙은 2가지로 정리할 수 있는데 자신과 비슷한 역할을 맡아 변형시키는 것, 다른 하나는 자신과 다른 역할이 되어 역할 균형을 찾는 것이다.

이청준의 「별」 이야기에는 순희, 엄마, 의사 선생님이라는 역할이 나온다. 순희는 엄마의 목숨을 구하려는 아이 역할이다. 엄마는 아프고 도덕성이 높은 엄마이다. 의사 선생님은 구원자 역할이다. 역할을 줄 때 아이들의 기질과 성격을 고려해야 한다. 평소 엄마에게 제대로 주장하지 못하는 아이들은 순희와 별 역할을 하는 게 좋다. 의사 선생님은 진짜 남을 돕고 싶어 하는 마음이 있는 아이나 남을 도와주는 행동을 할 필요가 있는 아이가 맡는 것이 좋다. 남을 잘 돕는 행동을 연극 속에서 연습하게 되는데, 만약 남에게 피해를 끼치면서 나 중심적 행동을 하는 아이가 의사 역할을 하게 되면 거들먹거리거나 으쓱하는 체하며 의사 역할을 할 것이다. 이때 교사는 「별」에서의 의사는 봉사하는 마음을 가진 의사임을 확인해 준다. 그리고 이 아이가 연극 속에서 제대로 봉사하는 마음으로 엄마와 순희를 만나는 역할 연기를 잘하도록 안내한다.

2. 역할 주기(Casting)의 3원칙

이야기를 이용하여 역할극을 할 때 교사는 수업 목표를 달성하기 위해 탐구하고 성찰하는 주요 장면을 결정해야 한다. 그 장면에 머물면서 아이들과 충분히 역할을 연습하게 하여 아이들의 사고와 감정에 깊이를 더 해 준다. 배움이 일어나는 역할극 수업이 되기 위해서는 다음의 3가지 원칙을 숙지해야 한다.

원칙 1. 인물을 연기하지 말고 역할의 욕구와 상황에 충실해라.

역할과 인물은 다르다. 억울한 사람을 변호해 주는 변호사의 역할을 배우 송강호와 이병헌이 연기한다고 했을 때 인물의 목소리, 걸음걸이, 말투는 달라진다. 공연 만들기에서는 인물의 목소리, 걸음걸이, 말투, 습관 등을 오랜 시간 연구하여 개성적으로 창조하도록 도와준다. 그러나 즉흥을 할 때 아이들에게 인물을 연기하라는 방식은 적절하지 않다.

"지금 어떤 상황인가요?"

"어떤 감정인가요?"

"무엇을 원하고 있나요?"

"그래서 이 역할은 무엇을 하려고 할까요?"

교사는 질문을 하면서 수업 목표와 연관되어 역할을 제대로 수행하도록 돕는다.

즉흥적 역할극에서 남자들이 여자역할을 하면 자칫 상황의 진실성 없이 코믹으로 흘러갈 수 있다. 남자아이가 엄마 역할을 할 경우 아빠 역할로 바꾸어준다. 만약 이것이 흐름상 가능하지 않다면 굳이 엄마의 몸짓과 소리를 흉내내려 하지 말고 아이가 자연스럽게 목소리를 내고 몸짓을 해도 괜찮다고 알려준다. 역할극 연기에서 중요한 것은 엄마의 욕구와 상황을 적절하게 표현하는 것이다.

원칙 2. 역할 입기와 역할 벗기를 명확히 구분해라.

역할극을 하기 전에 역할을 소개하고, 마칠 때 인사를 제대로 하도록 안내한다. 역할을 소개하면서 역할을 제대로 입고, 마치면서 역할을 제대로 벗는 것이 필요하다. 인사할 때는 일렬로 손을 잡고 손을 높이 올리고 허리를 굽히는 동작을 반복 훈련한다. 교사가 "손 잡고, 만세, 인사!" 라고 구령을 주면 여러 명의 배우들이 동작을 맞추기 좋다. 극 속에서 장애나 결점을 가진 역할을 하는 경우 연극이 끝났는데도 주변에서 놀릴 수 있거나 기분 나쁜 대화가 오고갈 수 있기 때문에 마무리 인사하기는 이제 역할을 벗고 자기 자신으로 돌아왔다고 신고하는 것이다. 또한 처음 인사하기는 나와 다른 역할을 입었다고 신고하는 것이며 이때 평소와 다른 말과 행동을 해도 될 것 같은 마음이 생긴다.

원칙 3. 관객에게 역할을 주어라.

관객이 산만해지면 배우들이 극 활동에 집중할 수 없다. 역할극을 발표할 때에 몰입하도록 관객들에게도 역할을 준다. 또는 역할을 맡은 아이가 움직일 때 관객들이 역할을 하는 아이의 마음을 소리나 몸으로 표현해 주면서 극적 표현에 참여하도록 해준다. 더 나아가 '역할 바꾸기'를 통해 관객에게 배우 역할을 줄 수도 있다.

1. 수업 의도 (내 마음에 말 걸기)

"어릴 적 우리 엄마는 컴컴한 산을 넘어 가게에서 물건을 사오라는 심부름을 자주 시키셨어요. 너무 무서웠지만 엄마에게 착한 딸이 되고 싶어서 그 일을 계속 했었어요. 그러던 어느 날 산을 넘어가는 길에서 모르는 아저씨가 내 가슴을 치고 지나갔어요. 수치스럽고 성폭행 당하는 역겨운 감정이 들었어요. 하지만 집에 와서 엄마에게 아무 말도 안하고 태연한 척 설거지를 했어요. 다 끝난 일이라 생각했죠. 그런데 최근에 설거지를 하면서 갑자기 울컥 울컥 하는 마음이 불쑥 올라오곤 했어요. 이게 뭐지? 상담을 하면서 바로 어릴 적 기억의 영향이라는 것을 알고 정말 당황스러웠어요."

엄마는 어린아이에게 절대적인 존재이다. 어린아이는 갓 세상에 나온 나에게 음식을 주고 체온을 유지해 주며 위험에서 보호해 주는 엄마와 자신을 동일시한다. 헤어지지 않으려고 엄마를 붙잡고 절대 놓아주지 않는 분리 불안을 유난히 겪는 아이가 아니더라도 엄마는 그야말로 안전함 그 자체이다. 엄마가 보이지 않으면 무섭고 엄마가 없어질까 두려워 운다. 공황 장애를 겪는 사람들은 아동기에 엄마와 갑자기 분리되었거나 부부 싸움, 부모의 이혼을 겪은 공통점이 있다고 한다. 어른이 된 후 이들은 불안감에 극히 취약하다고 한다. 엄마는 신도 아니고 성인도 아니다. 엄마는 최선을 다해 아이를 사랑하려 노력하지만 인간이기에 아이들에게 온전함을 줄 수 없다. 때로는 소리치고 화를 내며 감정에 휩싸여 실수한다. 엄마는 아이의 욕구를 깊이 있게 이해할 여유가 없다. 수용이나 질문도 않고 명령과 지시로 아이가 하고 싶지 않은 것을 억지로 강요하기도 한다. 남편, 시어머니, 직장 동료에게 당한 감정을 어린아이에게 퍼붓는 실수를 저지른다. 어린아이는 스펀지처럼 엄마의 감정적 쓰레기를 그대로 빨아들여 상처 입는다.

상처받은 아이는 두 가지 유형이다. 자신의 감정이나 욕구를 억누르거나 눈치를 살피면서 엄마에게 자기를 맞추는데 엄마에게 인정을 받지 못했을 때 모두 자기 탓이라고 자학하는 아이들이 있다. 또 한편으로는 무시받고 원망감이 커져 분노를 울음이나 때리는 것으로 표출하기도 하고 상처받는 게 두려워 상대와의 관계를 먼저 파괴해버리는 아이들도 있다.

이런 아이들이 학교로 온다. 선생님들은 부모와의 갈등을 호소하는 아이들, 부모로 인해 힘겨워하는 아이들을 돌봐야 한다. 특히 자의식이 폭발적으로 성장하는 사춘기 청소년들은 부모와 충돌하는 마찰이 심각하다. 부모에게 학업에 대한 스트레스를 과하게 받는 아이들은 피곤하고 무기력해 보인다. 부모의 틀로 자녀의 행동을 통제당하는 아이들은 억울함을 부적절한 방법으로 표출하다 스마트 폰을 압수당하거나 외출 금지 당하는 등 억압과 학대를 당하게 된다.

가정에서의 심리적 문제는 교실에 그대로 전해진다. 교실은 높은 스트레스와 불안이 존재하며 관계에서의 갈등이 심각해진다. 교사가 딱히 잘못하지도 않았는데 교사에게 대들거나 힘겨루기를 한다. 자신을 힘들게 하는 엄마, 아빠의 모습을 무의식적으로 교사에게 전이하는 아이는 부모, 교사와의 관계도 엉망이 되어 어른 전체를 불신하게 된다. 교사는 성숙한 자아로 아이들을 만나 주어야 한다.

모든 아이들은 부모와 심리적 독립을 연습해야 한다. 그러기 위해서는 자기 이야기를 언어화하는 기회를 가져야 한다. 아이들이 부모에게 입은 심리적 상처를 위로받을 수 있도록 수업해 보고 싶다. 아이들이 역할극으로 부모에게 자기를 주장해 보고 부모로부터 받았을 힘겨움을 위로받을 수 있는 수업을 해보고 싶다.

2. 수업 목표

아이들은 엄마에게 억압된 감정과 생각을 위로받고 자기주장을 격려받을 수 있다.

3. 핵심 질문

순희가 엄마에게 혼날 때, 별들은 엄마에게 뭐라고 말했을까?

4. 활동 개요

가. 이야기 들려주기

나. 소감 나누기

다. 역할극으로 장면 구축하기

라. 위로하고 격려하기

마. 정리하기

5. 구체적 활동

가. 이야기 들려주기

이청준의 「별」 이야기를 읽을 수도 있고 이야기를 들려줄 수도 있다.

이청준의 「별」 이야기의 4가지 장면

장면1

순희는 시골읍 변두리 마을에서 어머니와 단둘이 살고 있는 소녀입니다. 어머니는 별을 아주 좋아하셨지요. 순희에게 늘 별 이야기를 들려주셨어요.

"사람은 누구나 자기의 별을 가지고 있어. 네 별을 찾아보자. 넌 조그맣고 귀여운 아이니까 별도 조그맣고 귀여워야지. 늘 엄마별 곁에 있으니까 심심하지 않아."

장면2

그런데 어느 날, 어머니가 병이 들어 자리에 눕고 말았어요. 순희는 시내에 있는 의사 선생님의 집에 찾아갔어요. 그런데 유리창이 너무나 더러웠어요. 엄마 별을 볼 수 없으면 의사 선생님이 엄마를 구하러 올 수 없다는 생각에 추운 겨울날 오들오들 떨면서 순희는 유리창을 매일 매일 닦았어요. 그러나 엄마는 일어날 수조차 없을 정도로 기력이 약해져만 갔어요.

장면3

기온이 내려가 유리창에 잔뜩 묻은 서리를 긁어내던 어느 날 창
문가에서 무언가 뚝 하고 떨어지는 게 아니겠어요? 주워 보니
돈 주머니였어요. '이것을 가져가면 엄마 약을 살 수 있겠지.'
순희의 마음이 갑자기 콩당콩당 뛰었어요. 순희 엄마의 병을 낫
게 해주려고 별이 보낸 돈이라고 믿으면서 엄마에게 가져갔어
요. 그러나 엄마는 나쁘게 얻은 돈이라며 다시 갖다 주라고 순
희를 혼냅니다.

장면4

순희는 돈 주머니를 돌려주고 착잡한 심정으로 집에 돌아옵니
다. 그런데 문 앞에 남자 구두 한 켤레가 놓여 있는 게 아니겠어
요? 문간에 귀를 대고 들어보니 의사 선생님이었어요. 그는 눈
위에 찍힌 순희 발자국을 따라와 아픈 순희 엄마를 진료해 주고
있었던 거예요. 별은 그 어느 때보다 반짝거리며 밝은 미소를
던지고 있었답니다.

▶이야기에 나오는 인물들(별, 순희, 순희 엄마, 의사 선생님)의 모습을 보여준다.

T: 이 사람은 누구일 것 같아요?

T: 서로 어떤 관계일 것 같아요?

나. 이야기 듣고 난 후 소감 나누기

▶전체 이야기에 대한 소감을 이야기하면서 아이들의 반응을 파악한다.

T: 나는 엄마와의 관계가 어느 정도인지 양손으로 표현해 볼까요? 나는 엄마와 정말 가깝다고 생각하면 손바닥을 붙이고 반대로 멀다고 느껴질수록 양손을 넓게 벌리는 겁니다. 하나, 둘, 셋!

▶아이들 중 두 손이 가장 많이 벌어져 있는 아이가 누군지 살펴본다.

T: 이야기 속에 나오는 인물 중에 나는 누구와 닮았나요? 왜 그런가요?

> **TIP!** 교사는 엄마와의 관계가 너무 밀착해 있거나 너무 소원한 아이를 살펴본다. 그리고 순희와 자신을 동일시하는 아이와 이야기를 나누면서 엄마와의 관계를 파악해 본다. 평상시 담임으로서 엄마와의 관계로 힘든 아이를 염두에 두어 놓고 역할극에서 아이에게 순희 역할을 준다.

다. 역할극 만들어 장면을 구축하기

▶모둠별로 장면을 정하고 역할을 나누고 역할극을 만든다.

T: 전체 이야기는 몇 개의 장면으로 나눌 수 있을까요?
   이 중에서 가장 인상적인 장면 두 개를 고르고 모둠이 함께 연극으로 만듭니다.

T: 별, 의사 선생님, 순희, 순희 엄마의 역할을 정하세요. 모둠에서 나는 어떤 역할을 하고 싶은지 말하고 가급적이면 자신이 하고 싶은 역할을 하도록 서로 배려해주세요.

▶아이들의 모둠별 교실 공간을 정해준다. 역할극은 모둠별로 연습하며 모둠이 각각의 공간에서 동시에 발표한다. 이때 교사는 "모둠 자리에서 즉흥극을 하고, 먼저 끝난 모둠은 그 자리에서 아직 끝나지 않는 모둠의 역할극을 보도록 합니다."라고 안내해준다. 교사는 수업 목표를 달성하기 위해 순희가 어렵게 돈을 구해오고 엄마가 이것을 거절하는 장면을 표현하는 모둠이 있는지 살펴본다.

> **TIP!** 전체 아이들의 역동을 살피는 동시에 부모와 부정적 관계인 아이가 어떻게 연기하고 있는지도 주의 깊게 살펴본다.

라. 위로받고 격려하기

역할극에 전체가 참여하도록 하기

교사 / 배우의 공간 (순희, 엄마, 의사 선생님의 역할)
관객/배우의 공간 (별의 역할)

▶ 엄마에게 혼나는 장면을 표현한 모둠이 배우의 공간에 서게 한다. 역할극을 발표하기 전에 교사는 아이들 전체에게 별의 역할을 부여해 준다.

TIP! 아이들은 별의 역할이 되어 극중 인물들과 연결되어 위로와 격려를 해주게 되는 느낌을 갖게 한다.

T: 우리는 밤하늘에 반짝거리는 별입니다. 저 아래 세상 사람이 보이죠? 나는 누군가의 별이 됩니다. 나는 누구의 별인지 생각합니다. 예를 들어 아픈 사람의 별? 아니면 부자의 별? 건강한 남자아이의 별?

▶ 별이 되어 반짝거리는 아이들의 몸에 손을 대면 아이는 별의 역할로 대사를 한다.

S1: 저는 노력하는 사람의 별이에요.

S2: 장난을 많이 치는 아이의 별이에요. 등

전체가 역할극에 몰입하여 표현하기

▶ 모든 아이들과 함께 순희의 이야기 속으로 극적 탐험을 하도록 안내한다.

T: (무대 쪽을 가리키며) 저 아래 한 아이가 엄마와 함께 살고 있네요. 우리는 순희와 엄마를 내려다봅니다. 반짝반짝 빛을 내는 별이 이 집을 비추면서 아이와 엄마의 이야기를 조용히 잘 듣고 있어요.
(무대 중앙에서 역할극을 하는 아이들은 자기소개를 한다.)

S1: 순희 역을 맡은 강인희입니다.

S2: 엄마 역을 맡은 이지수입니다. 등

T: 장면의 처음 위치에 가서 섭니다. 여러분들이 준비되었음을 알려주세요. (교실의 불을 끈다.)

S: 준비되었습니다.

(교사는 "스탠바이, 액션!" 신호를 관객들과 함께 외치고 교실의 불을 켠다.)

▶ 무대 중앙에서 역할극이 시작된다. 교사는 순희가 추운 겨울 의사선생님의 집에 매일매일 가서 유리창의 서리를 긁어내는 장면에서 "멈춰!"라는 신호를 준다. 아이들을 일으켜 세워 모두 순희가 되어 엄마를 구하려고 창문을 닦는 허구적 경험을 하게 한다. 아이들이 의자를 책상에 넣고 자리에서 일어나게 한다.

T: 우리 모두 순희가 되어 볼 거예요. 날씨는 영하인데 옷은 한 겹밖에 걸치지 않았어요. 바람은 너무 강하게 불어 온 몸이 덜덜덜 떨려요. 그래도 엄마를 구해야 하죠. 그래서 호호호 입김을 불어 창문에 붙어 있는 서리를 녹여요. 옷소매를 늘려서 창문을 닦아요. 10분, 20분, 30분……. 다시 다음날 계속 창문의 서리를 닦아요. 이틀, 사흘, 보름, 한 달, 두 달이 지나가요. 지금 기분은 어때요?

S: 너무 힘들어요./ 추워요./ 집에 가고 싶어요. 등

TIP! 교사가 10분, 20분, 30분, 두 달 동안 닦는다는 말을 하면, 아이들은 오랜 시간 순희가 너무 고생했음을 느끼게 된다. 이런 몸의 기억은 나중에 순희 역할을 제대로 위로해 주게 한다.

▶ 교사는 관객을 앉히고 무대의 아이들이 장면을 계속 연기하게 한다. 순희 역을 하는 아이가 돈 주머니를 발견하고 집으로 돌아오는 장면에서 잠시 "멈춰"를 한다. 순희를 관객석 공간을 가로질러 돈 주머니를 들고 천천히 움직이게 하면서, 보고 있는 관객들이 순희의 두려움과 불안함을 심장 소리와 몸짓으로 표현하게 한다.

T: 순희가 돈 주머니를 가지고 오고 있지요? 순희의 가슴에서 어떤 소리가 날까요? 그 소리를 내어 주세요.

S: 두근두근, 콩닥콩닥. 등

T: 그 소리를 몸으로 표현해 보세요.

▶ 아이들은 다급하고 떨리는 마음을 발을 구르거나 몸을 빠르게 움직이면서 표현한다.

역할극을 변형하여 위로받고 격려하기

▶ 순희가 엄마에게 돈을 갖다 주고 혼나는 장면에서 "잠깐"하고 멈추게 한다. 이 지점이 수업 목표와 가장 직결되기 때문에 여러 드라마 기법을 활용하여 변형이 일어나 수업 목표가 달성되도록 이 장면에 집중해야 한다.

T: 순희가 혼나고 있는데요. 여러분은 별들이니까 모든 것을 보았습니다. 순희는 지금 어떤 마음이 들까요?

S: 슬프고 억울해요. 등

T: 그럼 순희 역할을 바꾸어 볼까요? 혹시 엄마에게 자신이 하고 싶은 말을 하는 순희 역할을 할 사람 있나요?

▶ 교사는 적극적으로 자기주장을 할 수 있는 아이로 순희 역할을 바꾸어 준다.

> **TIP!** 자기주장을 제대로 하는 아이들이 역할극을 먼저 하게 한다. 마지막에 엄마에게 자기주장을 못하는 아이가 순희 역할을 하도록 한다. 만일 이 아이가 자기주장을 제대로 못할 경우 관객들이 별이 되어 순희 역할을 도와줄 수 있는 방법을 사용한다.
>
> **T: 별들이 순희를 도와줘야겠네요. 순희의 마음을 우리 별들은 잘 알지요? 순희의 입장이 되어 순희 엄마에게 잘 이야기해 주세요.**
>
> S1: 엄마, 혼내지 마세요. 순희는 엄마가 아픈 게 너무 가슴 아파서 돈을 가져온 거예요. ▶순희 엄마에게 순희 행동의 동기를 이해시킨다.
>
> S2: 엄마가 순희에게 참 고생했다는 말을 했으면 좋겠어요. ▶순희 엄마의 긍정적 행동을 알려준다.
>
> **T: (순희 역할을 맡은 아이에게) 이 말들 중에서 어떤 말이 가장 마음에 다가오나요?**
>
> S(순희): 엄마를 많이 생각해 주어 좋아요.
>
> **T: 순희 엄마는 그 말을 순희에게 해주세요.**
>
> S(순희 엄마): 나는 네가 엄마를 많이 생각해 주어 참 좋다.
>
> **T: (순희 엄마에게) 순희의 이야기를 들으면서 혹시 생각이 바뀐 점이 있나요?**
>
> S(순희 엄마 역할): 순희가 이런 생각을 하는지 정말 몰랐고 미안한 마음이 들었어요.

▶ 교사는 아이가 엄마에게 주장하는 말을 적절하게 할 수 있도록 관객인 아이들에게 주장하는 말들을 찾도록 도와준다. 순희 역할을 하는 아이는 친구들의 말 중에서 가장 마음에 와닿았던 말을 고른다. 그 말을 여러 번 하면서 점점 크게 소리내 보라고 한다. 아이가 아예 주장하는 말하기를 하지 못할 경우 순희를 도와주고 싶은 아이를 나오게 하여 순희 역할을 하는 아이의 뒤에 서서 순희의 어깨에 손을 얹고 순희 대신 대사하게 한다.

> **TIP!** 자기주장을 적절히 했을 때 엄마가 순희의 입장을 이해하는 자기주장의 긍정적인 효과를 아이들이 발견하면 좋다. 가급적 교사는 해답을 주려 하지 말고 역할극을 하는 아이의 변화된 생각과 느낌을 최대한 인정하고 수용해 주는 데 집중한다.

T: 별들이 순희 입장에서 이야기를 해주었어요. 별들은 지금 나의 감정과 느낌을 몸으로 나타내주세요. 하나, 둘, 셋!(정지 동작으로 나타낸 후)

T: 자, 그럼 관객들 크게 박수 쳐주시고 무대에서 발표한 사람들 모두 나오세요. 손 잡고, 만세, 인사.

▶ 역할극을 발표했던 모든 아이들이 손을 잡고 팔을 위로 뻗어 인사하면 관객들은 크게 박수쳐 준다.

마. 정리하기

T: 지금 나누어준 종이에 순희를 그린 후, 말주머니 풍선을 그립니다. 그리고 그 안에 순희가 엄마에게 진짜 하고 싶은 말은 무언지 생각하여 적어보세요. 순희가 아무리 용기가 없어도 마음속으로는 하고 싶은 말이 있을 거예요. 말풍선에 그 말을 써주세요.

▶ 아이들은 순희나 순희 엄마의 그림을 그리고 말주머니에 주장하는 말을 채워넣는다.

> **TIP!** 아이들이 순희가 아니라 엄마나 별, 의사 선생님이 되고 싶다고 하면 자신의 마음을 표현하는 또다른 방식이므로 다음과 같이 안내한다.
>
> S: 순희 엄마를 그려도 되나요?
> **T: 위로받아야 할 사람이 엄마라고 생각해요?**
> S: (끄덕인다.)
> **T: 저 역시 병든 엄마가 억울하고 힘든 사람이라 생각해요.**

6. 유의점

가. 역할극을 만들지 않고 아이들이 엄마에게 자기주장을 할 수 있는 방법이 있다. 예를 들어 「별」이야기를 들려주고 어떤 역할에 마음이 가는지 선택하고 같은 역할을 고른 아이들끼리 모둠으로 앉게 한다. 내가 왜 이 역할에 마음이 가는지 서로 대화를 나누게 한다. 교사는 위로가 필요한 아이 옆에 가서 적절하게 마음을 위로해 준다.

나. 역할극을 만들 때 의논하는 시간이 길어져 장면을 만들지 못하는 경우가 있다. 교사는 이런 모둠 아이들 역할극 공간으로 나와 정지 장면을 먼저 몸으로 만들게 한다. 말이 아닌 몸으로 해보면 더 빠르게 장면이 만들어진다. 아이들 중 친구를 지시하거나 명령하는 연출가 행동을 하는 아이가 있다면 연출 역할을 하지 말고 자기 역할에 집중해야 친구가 잘 할 수 있다고 말해준다. 수평적 관계에서 즉흥이 최대한 잘 일어날 수 있다. 만일 모둠 활동을 방해하는 친구가 있으면 교사에게 곧바로 알려달라고 한다. 교사는 방해하는 아이와 개별 상담을 한다. 다른 모둠원에게 이 아이가 돌아왔을 때 역할을 가급적 남겨 놓으라고 한다. 상담이 끝난 후 아이가 모둠원과 함께 장면 만들 수 있는지 지켜보면서 적절한 도움을 주거나 안내를 한다.

다. 역할 바꾸기를 하여 무대에서 연기를 한 아이들 모두 마무리 인사를 하게 한다. 관객들은 박수를 크게 쳐주는 약속을 한다. 박수를 잘 친 아이에게 "스탠바이 액션!"을 외치는 감독 역할을 주거나 모둠 점수를 줄 수 있다. 왜냐하면 '박수 치기/받기'는 큰 효과가 있기 때문이다. 역할극을 발표한 친구들은 발표한 후에 자신들이 역할극을 못 했다고 생각하기 쉽다. 그런데 큰 박수를 받으면 남 앞에서 잘 해냈다는 뿌듯함이 들어 자신감과 자긍심을 갖게 된다. 박수를 쳐주는 관객들은 남을 칭찬해 주고 서로 긍정적인 경험을 연습하게 된다. 역할극에서 관객들도 역할을 맡았으므로 모두 일어나 마지막 인사를 할 수 있다. 아이들이 잘 해냈다는 기쁨을 모두와 나눌 수 있다.

7. 성찰

엄마에게 거절당한 아이를 위로하는 말은 무엇일까? 아마도 그것은 "네가 잘못한 것은 없다."라고 편들어 주는 말일 것이다. 순희는 남의 돈을 훔친 나쁜 사람이 전혀 아니라는 것을 알려주어야 죄책감, 열등감, 억울함 등의 부정적인 감정에서 벗어날 수 있다. 관객(별)에게서 이 말이 나오지 않을 때 교사가 이 말을 해주어야 할지 고민되었다. 그러나 그것 역시 교사의 고정된 생각일 수 있다. 친구들(별들)이 위로의 말을 하고 순희 역할의 아이가 가장 마음에 드는 말을 고르는 게 더 좋다고 판단했다.

부모의 사랑을 충분히 받은 아이들과 그렇지 못한 아이들의 반응이 매우 달랐다. 전자는 자기주장도 하고 엄마의 입장도 이해하였다. 후자는 슬픔이 올라오면서 속상해 했고 순희 엄마가 되어 순희를 마구 혼내는 공격성을 드러내기도 했다. 나는 이 아이가 순희 엄마 역할을 하게 한 후 관객(별)들이 순희 엄마의 적절한 말을 찾도록 했다. 이 아이는 "엄마가 미안해"라는 말을 들었을 때 감정이 쑤욱 올라오는 것 같았다. 엄마에게 사과의 말을 정말 듣고 싶었나 보다.

8. Q & A

Q: 역할극을 하는 아이의 목소리가 작으면 역할극에 집중이 잘 되지 않는데 목소리를 크게 내라고 하면 대사를 못하는 아이가 있다. 목소리를 크게 하는 방법이 있을까?

A: 발표를 할 때는 앞을 보게 하고, 뒷 칠판 중앙(아이의 키보다 조금 높은 지점)을 표시하여 그곳에 시선을 맞추게 한다. 그리고 그 지점을 향해 "소리로 못을 박듯이 대사를 쳐라" 안내해 준다.[16] 하지만 목소리를 크게 내라고 하는 것보다는 듣는 사람들에게 작은 소리에도 민감하게 들을 수 있도록 하는 게 좋다. 경청하는 훈련으로 좋은 방법은 아이들에게 눈을 감고 아주 작은 소리 다섯 개를 들어보라고 한다. 경청하면 매우 작은 소리도 들을 수 있음을 알게 된다. 관객의 경청이 연극에서 가장 중요하기 때문에 규칙을 정하는 것도 좋다. 산만한 행동을 하거나 소음을 내어 방해 행동을 하는 아이에게 극장장 역할을 주어 역할극이 끝났을 때 가장 경청을 잘한 관객을 뽑게 한다. 우수 관객으로 뽑힌 아이에게 "스탠바이, 액션!"을 외치는 감독 역을 주어 보상해 줄 수 있다.

16) 아이들의 목소리를 크게 내는 훈련방법은 〈네가 주인공이야 2〉의 '공연으로 매듭짓기'에 자세하게 소개한다.

학습 정리

01. 역할극 이해하기

1. 역할극이란?

역할극은 '역할'을 맡은 참여자가 특정 상황에서 즉흥적으로 살아보는 것이다. 역할극은 가상의 상황에서 인물의 역할을 수행해보면서 현실의 문제를 해결하는 기술을 연습하거나 훈련하거나, 가상 인물의 행동을 분석할 수 있다. 상대와의 역할을 바꾸어 갈등 상대방을 이해하고 갈등을 완화시키는 데 사용되며 역할극이 학습자 중심의 수업으로 기여하게 하려면 아이들이 주도하는 즉흥극을 하는 것이 타당하다고 본다.

2. 드라마 발달 단계

연극적 행위는 인간이 성장함에 따라 발달한다. 리차드 코트니는 드라마 발달 단계를 동일시 단계(0~10개월), 인격화(체현) 단계(10개월~7세), 모둠 드라마 단계(초등 아이 시기), 역할 단계(중·고등 아이 시기)로 나누었다.

3. 드라마 발달 단계의 시사점

초등학교 1, 2학년은 작은 규모의 모둠 안에서 연극 놀이를 하면서 '살아보기(living through)'에 의해 연극을 하도록 하는 것이 좋다. 반원형의 무대에서 연극을 발표하는 것은 3학년 이상의 아이에게 시도하는 것이 좋고 5학년까지 즉흥에 의한 역할극 형식이 좋다. 초등학교 고학년부터 중학교에서 역할극과 극본 작업들이 도입되기 시작하면서 고등학교에서 연극 형식과 대본이 있는 공연 형식을 탐구하는 것이 좋다.

02. 역할 주기(Casting)

1. 역할 주기(Casting)의 방향

자신과 비슷한 역할이면서 변형시키는 것과 자신과 다른 역할이면서 역할 균형을 찾아가도록 하는 것, 2가지가 있다.

2. 역할 주기(Casting)의 3원칙

원칙 1. 인물을 연기하지 말고 역할의 욕구와 상황에 충실해라.

아이들이 역할이 수행해야 하도록 도와주어야 한다. "지금 어떤 상황인가요?", "어떤 감정인가요?", "무엇을 원하나요?", "그래서 이 역할은 무엇을 하려고 할까요?"라고 질문을 하여 수업 목표와 연관된 역할 수행이 적절하게 이루어지도록 한다.

원칙 2. 역할 입기와 역할 벗기를 명확히 구분해라.

역할극을 하기 전 역할을 소개하면서 역할을 입고, 마치는 인사에서 역할을 제대로 벗을 수 있도록 소개하기, 인사하기를 연습한다.

원칙 3. 관객에게 역할을 주어라.

역할극을 발표할 때 관객들에게도 역할을 준다. 또는 역할을 맡은 아이가 움직일 때 역할의 마음을 관객들이 소리나 몸으로 표현해주면서 관객도 극적인 표현을 할 수 있도록 도와준다. 관객이 배우가 될 수 있도록 역할 바꾸기를 할 수도 있다.

03. 이야기 제재 역할극 수업 사례

엄마에게 억압된 감정과 생각을 위로하고 자기 주장 격려해주기

05 역할극으로 토의 토론하기

다른 사람을 판단하느라고 보낸 하루는 고통스러운 날이다.
자기 자신을 판단하느라고 보낸 하루 또한 고통스러운 날이다.

−붓다

1 역할극의 학습적 효과

　　미국 최고의 리더십 분석가 스킵 프리처드의 『실수의 책』에서 사회 초년생 데이비드에게 스승이 이렇게 말한다.

　　"우리는 모두 어떤 역할을 연기하고 있어요. (이 사회의)누군가가 우리에게 던져준 역할을 수행하고 있지요. 첫 번째 실수는 다른 사람의 꿈을 위해서 일하는 것이지요. 대부분의 사람들은 다른 사람이 연출한 연극에서 어떤 역할을 맡습니다. 충실하게 대사를 연습하고 표정 연기를 연습하죠. 하지만 남이 연출한 삶으로는 최고의 공연을 펼칠 수 없어요. 다른 사람들이 자신의 계획을 달성하려고 부지불식간에 나를 끌어들이는 것을 가만히 놔두면 안 돼요. 나 자신의 계획에 따라 움직여야죠. 자신의 미래에 대한 이야기를 직접 쓰면서요. 각자 삶의 목적이 있고 그건 자기만의 것이에요. 이 세상 누구의 것도 내 목적의 것과 같지 않아요. 다른 사람이 연출한 연극에서 조연이 되지 말고 자기 이야기를 펼칠 수 있는 무대에서 주인공이 되어야 해요."

목적이 없다면 조연에 불과하다.

▶ 스킵 프리처드
『실수의 책(원제: The Book of Mistakes)』 저자이자 리더십 전문가. 그는 성공하는 사람과 실패하는 사람을 '실수를 반복 하느냐'의 여부로 정의했다.

그 말을 듣고 데이비드는 주변을 돌아보며 이런 생각을 하게 된다.

누구는 부모님이 던져준 연극에서 벗어나지 못했고 누구는 특정 삶이 좋다는 사회적 시선에서 벗어나지 못한다. 많은 사람들이 방향성을 잃고 다른 사람들이 만들어 놓은 일정, 위치, 역할에 따라 움직인다. 당신이 분명한 목적이 있고 당신이 성장하는 것이라면 주인공이 되는 것이다. 목적이 없다면 조연에 불과하다.

이 이야기는 역할극을 배움에 도입하는 목적을 적확하게 드러내주고 있다. 우리는 이 사회에서 요구하는 여러 역할을 소화하며 살아가야 한다. 나의 성장이 아닌 주변의 요구에 부합하기 위해 사회가 나에게 요구하는 역할을 하고 있다면 성공적인 삶을 살지 못함을 이 책에서는 알려주고 있다. 그렇다면 어떻게 주인공의 삶을 역할 해 내는 연습을 할 수 있을까? 인생의 무대에는 리허설이 불가능하다. 하지만 역할극을 하는 연극에서는 여러 번 다른 실수를 해도 괜찮기 때문에 우리는 연극을 하면서 안전한 시도를 해보며 실수해도 전진할 수 있는 힘을 터득할 수 있다.

역할극에서 새로운 행동 유형의 습득을 강조한다. 연극에서의 참여자는 극 속의 역할을 통해 다른 행동 유형을 습득할 수 있다.[17] 특히 극 중에서 겪은 역할 레퍼토리는 현실에서 수행해야 하는 역할을 감당하는 데 도움이 되기 때문에 다양한 역할을 수행하는 경험을 역할극을 하면서 제공한다.

17) 김숙현(2014). 공연중심 연극 치료의 양상과 치료적 특성. 미디어와 공연예술연구. 9(2), 31-54.

또한 역할극으로 수업을 진행하면 글로 전달하는 것보다 흥미롭게 학습자들의 적극적 참여를 유도할 수 있다. 역할극을 통해 타인의 입장이나 감정에 몰입하고 공감하여 자기화할 수 있다. 연극은 언어를 사용하는 지적인 작업임과 동시에 감정을 표현하는 감성적인 작업이기도 한다. 나의 감정과 나의 인식을 확인하여 성찰하기도 한다. 남의 감정과 입장에 공감한다. 때로는 상대와 입장을 바꾸어 남이 되어 살아보기도 한다. 따라서 역할극을 하면서 몰입과 거리 두기를 번갈아 가는 과정을 거치면서 자신의 가치관, 역할, 태도를 점검하고 남의 입장을 고려하여 변화해 나갈 수 있는 배움이 이루어진다.

2 역할극을 생활 교육 및 상담에 적용하기

글로 읽고 쓰기보다 연극을 하면 재미있다. 보고 행동하며 입체적이며 감각적으로 상황을 쉽게 이해할 수 있다. 다양한 역할을 몸으로 공감할 수 있으며 관객의 눈이 되어 거리를 두고 다양한 입장에서 사고할 수 있다. 역할극의 특성을 생활 속에서 일어나는 교실에서의 갈등을 해결하는 데 효과적으로 적용하는 방법을 3인 이상의 집단, 2인, 개인 상담에서 활용하는 방법을 소개한다.

1. 역할극을 활용한 집단 상담

아이들이 교사에게 몰려와 사건·사고를 말했을 때 나는 어떻게 대처하는지 생각해 보자. 보통은 아이들의 말을 듣고 당사자들을 불러 각자 글을 적게 한다. 교사는 보다 객관적으로 문제를 이해하고자 한다. 그런데 글보다 역할극을 하게 하면 교사는 상황 뿐 아니라 아이들의 감정과 관계까지도 느낄 수 있다. 역할극을 활용한 집단 상담 과정은 역할극 합의하기-역할극 하기-감정 인정해주기가 있다.

가. 역할극 합의하기

먼저 주변에 있었던 친구들이 누구였는지 확인한다. 시간을 거꾸로 돌려 사건이 있었던 과거의 그때로 돌아가 연극 장면으로 만들어 달라고 부탁한다. 아이들은 연극을 만들면서 서로 의견을 조율하게 된다. 합의하는 과정에서 아이들 각자의 입장을 따져보게 된다. 아이들은 자기 중심적으로 그릇되게 해석한 부분이 있고 상대방의 입장과 다름을 알게 된다. 점차 객관적이고 다각적으로 사건을 바라보게 된다.

나. 역할극 하기

서로의 의견들을 조율한 대로 역할극을 한다. 역할극을 보는 교사는 아이들의 감정을 이해하면서 누구를 지지해주어야 하는지 누구의 입장을 이해시켜 주어야 하는지를 마음속으로 결정하지만 옳고 그름에 대한 판단 내리기는 유보한다.

다. 감정 인정해주기

교사는 '어깨에 손 얹기'를 하여 서로 서로의 감정을 읽어주고 사과하기/용서하기를 자연스럽게 이끌어낸다.

T: 이 중에서 가장 감정적으로 힘들 거라고 생각하는 친구는 누구인지 결정하세요. 제가 하나, 둘, 셋이라는 신호를 주면 동시에 모두 어깨에 손 얹기를 해 주세요.

(어깨에 손이 가장 많이 얹힌 아이 S1에게) **네 감정을 '나 전달법'으로 친구에게 말해주세요.**

S1: 내가 피구를 못하니까 너희들이 금 밖으로 나가라고 했을 때 나는 너무 열받았어.

T: (주변의 아이들에게) **한 명씩 힘들어하는 친구(S1)를 마주보면서 해주고 싶은 말을 하세요. '나 전달법'으로 가급적 이야기하세요.**

S2: 네가 공을 맞았을 때 우리가 웃어서 네가 속상했을 것 같아 미안해.

S3: 네가 피구를 못하니까 나도 게임을 할 수 없어서 화가 나서 소리 질렀어. 다음부터는 이런 마음을 이해해주면 좋겠어. 등

2. 역할극을 활용한 2인 상담

갈등 상황을 겪는 아이가 두 명일 경우 다음과 같이 역할극을 활용할 수 있다.

- 마주보게 하고 각자의 감정과 입장을 번갈아 가며 말한다.

- 두 사람의 위치를 바꾼다. 상대의 역할이 되어 상대의 감정과 입장으로 말한다.

- 다시 원래 자리로 돌아온다. 두 손을 마주잡으면 좋다. 눈을 바라보고 서로 상대의 감정을 이야기해주고 미처 생각하지 못했던 점을 이야기해준다.

- 남자와 남자, 여자와 여자일 경우 서로 포옹하고 눈을 감고서 상대의 호흡을 들어본다. 그리고 서서히 내 호흡과 상대의 호흡을 맞춘다. 교사가 10을 천천히 셀 때까지 상대와 호흡을 맞추고 껴안고 있는다.

- 마지막으로 서로 간지럼을 태운다. 짧게 5초 동안 간지럼을 태우는데 상대적으로 간지럼당하고만 있는 아이에게 상대 아이는 가만히 있게 하고 간지럼을 태울 수 있는 기회를 준다. 여기서 중요한 것은 서로 웃게 하는 것이다. 웃음은 부정적 감정에서 긍정적 에너지로 반전시키는 힘이 있다.
그러나 위에서 포옹과 간지럼 단계는 강제로 시키지 않으며 두 사람의 관계가 매우 심각하게 얽혀 있을 때는 생략하는 게 좋다. 무엇보다 아이들의 감정과 입장을 충분하게 이해하는 것이 중요하며 급하게 해결을 내려고 하는 것은 좋지 않다. 오히려 또 다른 문제로 야기될 수 있다.

3. 역할극을 활용한 개인 상담

자기 중심성이 지나치게 큰 아이는 사건·사고의 책임을 타인에게 전가시키며 자신을 성찰하는 힘이 부족하다. 계속 자신보다 타인의 잘못에만 신경이 쏠려 있어 교사와 힘겨루기를 할 위험이 있다. 이럴 때 '빈 의자'기법을 이용하여 역지사지의 사고를 할 수 있게 도와준다. 2인 상담에서의 상대방을 빈 의자나 교사가 해준다고 생각하면 쉽다. 이 방법은 교사의 스트레스나 감정을 다룰 때도 유용한데 혼자 있는 공간에서 해보아도 좋다.

빈 의자 마주보며 앉기

- 빈 의자를 아이 앞에 갖다 놓는다. 그리고 갈등이 있는 상대가 빈 의자에 앉아 있다고 상상한다. 철저히 자기 입장에서 상대에게 하고 싶은 말을 충분히 다한다.

상대가 되어 감정과 생각 말하기

- 이번에는 빈 의자에 앉아 상대방이 되어 나에게 하고 싶은 말을 한다. 의자를 바꾸기 전에 했던 말을 떠올려 그 말을 간간이 넣어주면 좋다. 그래서 교사가 빈 의자 뒤에 서서 아이가 앞에서 했던 말을 다시 들려주거나, 아예 아이 역할이 되어 대화를 나누어줄 수도 있다.

다시 내 자리에 돌아와 문제 해결해보기

- 다시 내 자리로 돌아온다. 교사는 처음 의자에 앉아 있을 때와 다른 생각과 느낌이 드는 점이 있는지 물어본다. 변화된 점이 있다면 빈 의자에 상대방이 있다고 생각하고 말하도록 한다.

격려해주기

- 아이가 자기 중심에서 조금이라도 벗어나 상대를 이해한 점이 있다면 교사는 이것을 발견해주고 아이를 크게 격려해준다. 변화된 점이 없었다면 교사는 진지하게 입장 바꾸기를 했던 것을 좋았다고 격려해주고 마무리한다. 아이가 원하지 않는데 상담 시간을 끌지 않는 게 좋다.

1. 수업 의도 (내 마음에 말 걸기)

7차 교육과정으로 토의 토론 수업이 현장에서 본격적으로 환영을 받았다. 신호등, 찬반 대립 토론 기법을 하는 공개 수업이 늘어났다.

토의 수업은 특정 주제에 대한 공동의 문제를 해결하기 위해 아이들 상호간의 이해를 돕고 서로의 입장을 존중하면서 비판적인 의견을 교환하고 토의함으로써 올바른 결론에 도달하려는 협력적 교수 학습 방법이다. 토의 토론 수업에서는 일방적으로 자신의 의견을 발표하는 것이 아니라, 상대방의 의견을 존중하면서 합리적이고 논리적으로 의견을 나누고 논쟁한다. 합리적인 의사소통의 장이 마련되고, 다양성을 인정하는 열린 사고로 나아가게 되며, 토의 토론으로 협력, 존중, 타협 등의 도덕성이 길러질 수 있다.[18]

그러나 학계의 이론적 근거와 달리 교실에서는 닫힌 사고의 고집스러운 분위기에서 비협력적인 토의토론 수업이 이루어질 때가 있다.

토의 토론 수업은 언어적 표현이 서툰 아이들은 수업에 참여하기 어렵다. 내향적이거나 긍정적인 성향을 가진 아이들보다 비판적이며 공격적 성향을 가진 아이가 수업을 주도하면서 끼여들기, 비난하기, 흠집 찾기의 부정적 전략을 사용하는 것을 떳떳하게 여긴다. 찬반 대립 토론에서 승패만 중요하게 되어 과정에서의 수행은 간과된다. 비판에 익숙하지 않는 우리 문화에서 토론하면서 마음의 상처를 입는 아이도 생기고 수업에서 말하지 않는 아이들은 저평가당하기도 한다.

'따뜻하면서 삶과 연결되는 토의 토론 수업을 할 수 없을까?, 이 고민의 열쇠가 감성을 열어주는 역할극이 아닐까?'

역할극을 통해 토의 토론 수업에서 역할을 입고 상황과 사람에 몰입하면서 타인을 공감한다. 언어적 능력이 상대적으로 낮은 아이들도 재미있게 자신을 표현할 기회를 가진다. 이성과 감성, 머리와 가슴이 결합되어 토의 토론하며 적극적으로 경청하고 공감하면서 입장을 바꾸어 역지사지의 경험을 하였을 때 기발한 제 3의 아이디어가 생성되기도 한다. 역할극을 활용하여 서로 협력하는 분위기에서 복잡한 삶의 문제를 창의적으로 해결하는 토의 토론 수업을 하고 싶다.

18) 황지원(2013). 대학토론교육의 의미와 구체적 적용. 교양교육연구, 7(3), 565-595.

2. 수업 목표

환경 보존과 개발에 관한 역할을 하면서 상대를 공감하고 존중하는 토의 토론을 통해 창의적인 대안을 탐구할 수 있다.

3. 핵심 질문

환경 보존과 개발의 입장을 바꾸어 토의 토론해 볼까요?

4. 활동 개요

가. 토론 배경으로 들어가기

나. 역할을 입고 토의 토론하기

다. 장면 만들기

라. 입장 바꾸어 토의 토론하기

마. 투표하기

바. 소감 정리하기

5. 구체적 활동

가. 토론 배경으로 들어가기

▶ 교사는 자연이 아름다운 시골을 상상하도록 몸으로 그림을 그리게 한다.

T: (커다란 사각형 모양으로 걸어가면서) **여기에 커다란 도화지가 있습니다. 우리는 이제 여기에 그림을 그리는데 몸으로 그릴 거예요. 아름다운 시골 마을에 무엇이 있지요?**

S: 강, 나무, 개울, 시원함 바람이 있습니다. 등

▶ 교사는 도화지의 그림을 설명하고 아이들은 몸으로 공간을 구성한다.

T: **네. 여기는 아름다운 전원이 있는 곳입니다. 나무가 있고**

▶ 아이들 몇 명이 나와 도화지의 공간 안에 나무로 서 있다.

117

T: 나무들 앞으로 개울가에 징검다리가 있고 징검다리를 건너가는 아이들이 있네요. 또 여기에 누가 있나요?

S: 관광객이요.

T: 네. 맞아요. 나무들 밑으로 관광객들이 자연의 아름다움에 감탄을 하고 있네요. 이곳에는 상쾌한 바람이 기분 좋게 흘러 다닙니다. 무슨 소리들이 들리는지 들어볼까요?

▶ 아이들이 각각의 역할이 되어 소리나 대사를 한다. 이때 교사는 아이들이 시골에 무엇이 있는지 상상하게 하면서 이것을 수용하면서 진행한다.

T: 자, 이제 이 그림을 지웁니다.

▶ 동작을 하는 아이들이 자기 자리로 돌아온다.

▶ 교사는 이번에는 멋진 도시의 몸 그림을 그리게 한다.

T: 멋진 도시에는 무엇이 있나요?

S: 빌딩, 고급 차, 카페, 마트가 있어요.

▶ 아이들의 대답을 수용하여 교사가 도시를 설명하면 아이들은 몸으로 도화지 공간 안으로 들어와 몸으로 도시 그림을 구성한다.

T: 카페에 두 사람이 즐겁게 대화를 나누고 있습니다. 그 뒤로 빨간 고급 차가 반짝거립니다. 그 안에 운전을 하고 있는 사람은 비트 있는 음악을 듣고 있어요. 고급 빌딩이 높게 들어서 있습니다. 아주 높군요. 대형 백화점에서 쇼핑을 하는 사람들이 있습니다. 무슨 소리가 들리는지 들어볼까요?

▶ 아이들이 즉흥적으로 소리와 몸짓을 한다.

T: 자, 이제 이 그림도 지웁니다.

▶ 아이들이 자리로 돌아간다.

나. 역할을 입고 토의 토론하기

▶ 교사는 토의 토론 안건을 제시하고 역할을 입도록 안내해준다.

T: 자연이 아름다워 관광객들이 찾는 이 시골 마을에 고민이 생겼습니다. 개발의 바람이 불어왔지요. 주민들은 두 파로 나누어졌습니다. 개발에 찬성하는 사람은 손을 들어주세요. 보존에 찬성하는 사람은 손을 들어 주세요. 개발을 하고 싶은 주민은 어떤 직업의 사람들일까요?

S: 건설업자, 마을 군수, 의원입니다.

T: 보존하려는 사람은요?

S: 환경운동가, 농부, 관광업자입니다.

T: 마을 사람들은 두 파로 나뉘게 됩니다. 각자 다양한 직업을 가진 역할을 정해 봅시다.

▶ 아이들은 두 파로 나누어 역할을 정한다.

T: 이제 마을 주민이 되어 이 문제 속으로 들어가 토의 토론을 해 보겠습니다.

T: 두 개의 원을 만들 겁니다. 보존하려는 주민들은 원 안으로 앉아 주세요. 개발하려는 주민들은 벽 역할을 합니다. 벽은 잘 듣는 것밖에 할 수 없지요. 아주 은밀한 것까지 세심하게 들을 수 있습니다.

▶ 보존에 찬성하는 아이들이 원으로 둘러앉아 토의한다. 개발을 찬성하는 아이들은 원 밖에서 벽이 되어 적극적으로 경청한다.

▶ 교사는 원 안의 역할에서 사회를 맡을 사람을 정하게 한다. 사회자는 골고루 발언권을 주고, 질문을 안내하는 역할을 맡는다.

S(사회자 역): 먼저 자신의 직업을 소개하기로 하겠습니다.

S(사회자 역): 이제부터 우리 마을 개발에 관한 각자의 입장을 돌아가면서 말해 봅시다.

S(사회자 역): 잘 들었습니다. 이제부터는 우리가 이 문제를 해결하기 위한 좋은 방법을 이야기합시다.

> **TIP!** 원 밖의 아이들에게 '벽'의 역할을 준다. 아이들에게 다른 입장에 대해 움직이지 않고 조용히 경청하게 하는 좋은 방법이다. 입장이 같은 사람들과 원으로 둘러앉아서 이야기하므로 지지와 격려를 받는 분위기 속에서 기쁘고 즐겁게 토의하게 된다.

다. 원 안의 발언자들과 원 밖의 경청자들 역할 교체하기

T: 자, 그럼 이제 원 밖에 있는 주민들이 원 안으로 들어가 토의하겠습니다. 사회자를 고르고 이야기를 할 때 자기 소개를 하여 역할을 알려주세요. 원 안에 있는 주민은 원 밖으로 나가 벽이 되어 적극적으로 경청합니다.

> **TIP!** 같은 입장의 아이들이 편들어주는 구조에서 자기 이야기를 온전하게 하게 된다. 자신감 없는 아이도 주변의 아이들이 같은 편이기 때문에 이야기할 용기를 낸다. 서로 고개를 끄덕이고 지지하는 분위기에서 여러 가지 근거들을 찾게 되면서 반대 입장과의 차이가 더욱 분명하게 드러나게 된다.

라. 장면 만들기

▶ 교사는 회의 이후 일어나게 되는 사건을 연극으로 만들도록 안내한다.

T: 이 회의가 있고 나서 이 마을에 어떤 일들이 벌어질지 각 팀이 장면을 만들어 주세요.

　(예: 보존 팀은 거리에서 데모를 하고 기자가 취재를 하고 있다. 개발 팀은 주민들에게 마을의 번영을 보여주는 간담회를 한다.)

마. 입장을 바꾸기

T: 이 마을의 사태는 점점 미궁 속으로 빠져드네요. 이제 이 문제는 투표로 결정될 겁니다. 결정을 하기 전에 마지막으로 토론을 하겠습니다. 그런데 이번에는 서로 입장을 바꾸어서 토론하겠습니다. 보존 입장은 개발 입장, 개발 입장은 보존 입장이 되어 설득이나 질문, 대답을 할 수 있습니다. 토론에 들어가겠습니다.

▶ 교사는 아이들의 입장을 바꾸어 토론을 하도록 안내한다.

> **TIP!** 입장을 바꾸어 말하기를 하면서 아이들은 상대방의 의견을 떠올리면서 가장 내가 공감하고 설득되었던 근거가 무엇인지 따져본다. 이때 아이들은 다른 친구의 입장을 자기화해야 하므로 들었던 말을 매우 신중하게 천천히 말한다.

바. 투표하기

T: 투표용지를 나누어 주겠습니다. 어떤 사람들은 처음에 가졌던 입장이 바뀌지 않을 수 있고 어떤 사람들은 입장이 바뀔 수도 있습니다. 투표 결과는 나중에 발표하기로 하겠습니다.

▶ 아이들은 투표지에 찬성 칸과 반대 칸 한 쪽에만 동그라미 표시를 한다. 그리고 그 이유를 적는다. 교사는 아이들의 투표용지를 수거한다.

사. 소감 정리하기

▶ 교사는 지금까지의 수업을 정리한다.

T: 투표 결과가 알고 싶지요? 하지만 오늘은 투표 결과가 나오지 않습니다. 지금 우리는 역할을 벗고 자기 생각을 정리하도록 하겠습니다. 처음 수업을 시작할 때와 지금 달라진 생각이나 느낌은 무엇인지 글과 그림으로 기록해 봅시다.

> **TIP!** 투표 결과를 발표하지 않는 것은 투표의 결과보다 과정을 더 중시하기 때문이다. 성취지향적 아이의 경우 성공·실패에 초점을 맞추는 성향이 강하여 결과를 알고 싶다고 한다. 교사는 결과가 어떻게 될 것 같은지를 물어 아이의 욕구를 말하는 정도로 승부욕을 해소해준다.

가. 역할을 바꾸는 구조로 전개되는 수업이기 때문에 개발 팀과 찬성 팀의 아이들 숫자를 비슷하게 맞추는 것이 좋다. 교사는 아이들이 골고루 발언권을 갖도록 안배해 준다.

나. 아이들이 장면을 만들면서 새로운 맥락이 새롭게 전개된다. 아이들의 자발성과 주도권을 최대한 허용해주어야 한다.

7. 성찰

개발을 원하는 주민들은 간담회를 하였고 보존을 원하는 주민들은 데모를 하였다. 그런데 보존에 찬성하는 기자 역할의 아이가 생각을 바꾸었다. 왜냐하면 최종적으로 데스크 회의에서 기사가 삭제될까 두려웠기 때문이었다. 기자 역을 한 아이는 최종 토론을 할 때도 중간 입장이라고 대답했다. 그래서 나는 이 아이에게 사회자 역할을 주었다. 최종 토론에서는 찬반을 절충하는 새롭고 창의적인 대안들이 나왔는데 의원과 개발업자들은 환경 도시를 약속하였다. 이러한 제 3의 아이디어는 역할을 입고 상대를 공감할 수 있었기 때문에 가능하다고 본다.

이 수업을 평소 학습이 부진한 아이까지도 모두 재미있어 했다. 교사로서 나는 처음과 달라진 지점들이 무엇이며 이것들의 영향을 주는 것이 무엇인지 궁금하였다. 상대방의 역할을 입고 상대의 감정이 되어 살아봤기 때문에 상대방 입장이 소중하게 여겨졌다는 아이의 소감에 '아하!'하는 깨달음이 있었다. 사람의 마음을 움직이는 것은 이성이 아니라 감정이지 않은가! 이 세상은 합리성과 논리성으로 구축된 틀 안에서만 방법을 찾아 온것이 결코 아니다. 늘 감정이 우리 삶의 모든 면에 크든 작든 영향을 지속적으로 미치고 있다. 중대한 결정과 관계맺음에서 남에 대한 공감과 나와의 거리 두기로 놀랍게도 새로운 무지개를 발견하곤 한다. 성과를 내려고 남과 싸우고 누군가를 제치려고 하는 것이 아니라 여러 관점을 가진 사람에게 공감하고 배려하려는 태도를 통해 기발하고 창의적인 제 3의 미션이 나온다. 집단은 이 결정에 기꺼이 책임질 동기와 의지를 가진다. 따라서 교사는 아이들 간 일어나는 상호작용에 주목하고, 그들 간의 믿음과 도전이 일어나는 모든 가능성을 지지해야 한다.

학습 정리

01. 역할극의 학습적 효과

역할극을 통해 수업을 진행하면 글로 전달하는 것보다 흥미롭게 학습자들의 적극적 참여를 유도할 수 있다. 역할극을 하는 연극적 상황은 사회문화의 맥락에서 행해지기 때문에 역할극을 통해 사회성을 계발시킬 수 있다. 언어를 사용하는 지적인 작업과 감정을 표현하는 감성적인 작업을 동시에 진행함으로써 학습자에게 자신의 감정과 인식을 확인하는 성찰의 기회를 제공한다. 역할극을 통해 타인의 입장이나 감정에 몰입하고 공감하며 자기화할 수 있다. 때로는 상대와 입장을 바꾸어 남이 되어 살아보기도 한다. 따라서 역할극을 통해 몰입과 거리 두기를 번갈아 가는 과정을 겪으며 자신의 가치관, 역할, 태도를 점검하고 남의 입장을 고려하여 변화해 나갈 수 있다.

02. 역할극을 생활교육 및 상담에 적용하기

1. 3인 이상의 집단 상담

▶ **역할극 합의하기**: 주변에 있었던 친구들에게 시간을 거꾸로 돌려 사건이 일어났던 과거의 그때로 돌아가 장면 만들기

▶ **역할극 하기**: 서로의 의견들이 조율된 대로 역할극 하기

▶ **감정 인정해주기**: '어깨에 손 얹기'로 상대의 감정을 중심으로 '나 전달법'으로 말하기

2. 2인 상담

▶ 각자 자신의 감정과 입장으로 말하기

▶ 역할 바꿔 상대의 감정과 입장으로 말하기

▶ 서로 두 손을 마주잡고 눈을 보며, 호흡을 맞추어 몸으로 만나기

▶ 포옹하고 서로 간지럼을 태우기

3. 개인 상담

▶ **빈 의자 마주보며 앉기**: 빈 의자를 마주보며 상대에게 하고 싶은 말하기

▶ **상대가 되어 감정과 생각 말하기**: 상대방이 되어 자기자신에게 하고 싶은 말하기

▶ **제자리로 돌아와 문제 해결하기**: 다시 자신의 자리로 돌아와 바뀐 생각과 느낌 찾기

▶ **격려해주기**: 교사는 아이가 자기 중심에서 벗어나 변화되었던 점 격려하기

03. 역할극 활용 토의 토론 수업 사례

환경 보존과 개발에 관한 역할을 하면서 상대를 공감하고 존중하는 토의 토론을 통해 창의적인 대안을 탐구하기

인간의 일생은 자아(ego)에서
자기(self)를 찾아가는 개성화, 자기실현의 과정이며
개성화의 최고 목표는 이타성, 즉 이웃 사랑이다.

– 칼 융

제 **3** 장

학급 발달
이해하기

01 학급 발달의 원칙

교사는 수업으로 아이들을 만나는 동시에 담임교사로 학급 아이들과 일 년을 함께 생활한다. 수업 시간을 포함한 모든 학교생활에서 이루어지는 교사의 교육적 활동을 생활교육이라 한다. 담임을 맡은 교사는 일 년 동안 학급 경영을 계획할 때 개인 다이어리의 달력을 작성한다. 3월 시업식부터 시작하여 학부모 총회, 공개 수업, 각종 대회와 행사들과 종업식까지 연간 시수표만 옮겨 적어도 달력이 빼곡해진다. 교사와 아이들이 해야 할 것들이 많아질수록 가슴이 답답해진다. 그러나 놀랍게도 교사는 산적해 있는 그 일들을 헉헉거리면서 학기 말까지 해낸다. 하루하루 살아가느라 내일을 꿈꿀 여유도 없이 달린다. 교사의 내면에 무언가 공허함이 있다.

'교사와 아이의 교육적 성장에 어떤 의미가 있을까?'

학급은 서로 다른 기억과 경험을 가진 개인들로 이루어진 집합체이다. 하지만 "전체는 모든 부분과 동일한 것이 아니라 그 이상"이라는 말이 있듯이 각기 다른 개성을 가진 아이들이 모여 질적으로 완전히 다른 집단이 형성된다. 교사의 성격이나 철학에 따라 학급의 성향이 달라진다. 그러나 한 교사에게 어느 해 학급은 무난하게 운영되어 편안함을 주고, 어느 해 학급은 자괴감과 절망감을 던져준다.

'내가 너무 허용적인가? 아니면 너무 통제적인가? 내가 아이들을 다루지 못해서 생긴 탓일까? 아니면 애들 탓일까?'

학급을 경영한다는 학급 경영이라는 용어는 경제학에서 빌려온 것이다. 경제적 개념에 따르면 교육활동은 교사가 과제 목표를 세우고 이를 수행해내어 결과물을 생산하고 가시적으로 확인할 수 있어야 한다. 이럴 경우 교사와 아이의 만남은 일과 성과가 중심이 되어 버린다. 아이들을 만나 평화로운 분위기에서 존중과 배려의 관계로 아이들의 존재를 중심으로 생활교육을 하려면 새로운 개념이 필요하다.

볼비는 애착 이론에서 유아 시절부터 성장 과정을 거치면서 부모로부터 따뜻하고 친근한 관계가 필요하며, 만일 그것이 충족되지 않으면 부모를 대체할 누군가에 의한 돌봄이 제공되어야 한다고 보았다. 특히 아동기에 중요한 사람인 어머니와의 애착 관계에서 단절이 생기면 성장하는 데 심각한 역기능적 결과를 초래한다고 한다. 그런데 한 세대 가족이 한 자녀를 두고 맞벌이를 하는 경우가 늘고 있다. 저출산, 노령화로 노동 인구가 줄어들면서 여성의 경제 활동을 늘리기 위해 국가는 적극적으로 보육기관과 프로그램을 지원하고 있다. 아이는 가정에서 받아야 할 포근하고 안전한 사랑을 받지 못하고 여러 사교육 기관을 돌아다닌다. 부모는 열심히 일해서 아이에게 무엇이든

▶ 볼비
영국의 정신의학자이자 정신분석가. 가까운 인물에게 강한 정서적 경험을 느끼는 애착 이론을 주창하였다.
인간이 애착을 형성하도록 생물학적으로 설계되었으나, 양육자 또는 영아가 타인의 행동과 신호에 대해 적절하게 반응하는 방법을 학습하지 못한다면 안전한 정서적 유대는 발달하지 못할 것이라고 보았다.

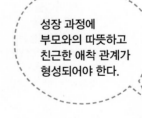

성장 과정에 부모와의 따뜻하고 친근한 애착 관계가 형성되어야 한다.

해주려고 노력하지만 아이들의 부정적 징후를 보면 제대로 아이 곁에 있어 주지 않은 것 같아 죄책감과 불안을 느낀다.

자녀가 학교에서 문제 행동을 보이면 부부간의 관계 역시 흔들릴 수 있다. 아빠에게 속이 상한 엄마는 남편으로서도 서운함을 드러낸다. 부부 싸움을 듣고 보는 아이는 자신 때문에 엄마 아빠가 불행하다고 자책하게 된다. 또는 아빠의 폭력에서 엄마를 보호해주지 못하는 무력감과 아빠에 대한 원망이 일어난다. 이럴 경우 아이에게 아빠, 엄마는 관계에서의 좋은 모델링이 되어주지 못한다. 아이들은 가정에서의 불안, 죄책감, 원망, 분노를 가지고 학교에 온다.

그리고 초등학교 시기에는 엄마처럼 중요한 사람이 바로 학교에서의 교사이다. 에릭슨의 심리사회적 발달에서는 학령기 교사의 격려와 칭찬이 아이들에게 자신감을 주며 이것을 적절하게 받지 못했을 때 열등감, 무력증을 유발한다고 한다. 정체성을 확립해 나가는 청소년 시기에 핵심적으로 중요한 사람은 취미와 성향에 맞는 또래 집단과 자기 가치를 모델링할 수 있는 어른이다. 방과 후에 성인의 보호 없이 지내는 아이들은 비디오, 게임, 인터넷, 채팅 등에서 선정적이고 폭력적인 자극에 노출되기 쉽고 지식 정보화 시대에서 정체성과 공동체성을 정립하기가 더욱 어려워졌다. 따라서 최근 학교는 아이가 정서적인 애착을 경험할 수 있는 '돌봄'의 기능을 요구받고 있다.

여기에서는 교사와 아이들이 사랑과 신뢰의 관계에서 존재적으로 만나기 위해서 학급 경영을 일(행사) 위주가 아니라 발달 위주의 생활교육의 관점으로 바라보는 '학급의 한살이' 생활 교육을 소개하겠다.

▶ 에릭슨
미국의 정신분석학자. 인간 형성을 문화·사회와 관련지어 설명하였는데 특히 청년기의 '정체성 위기' 해결 방법 여하에 따라서 역사의식을 창조하는 측면을 밝혀냈다. 정체성 개념에 의해 프로이트 이후의 정신 분석학적 자아심리학을 비약적으로 발전시켰다.

7~12세 아이들은 근면성 대 열등감, 13~18세 아이들은 자아 정체감 대 정체감 혼란의 심리사회적 발달을 경험하게 된다.

자, 여러분의 상상을 발휘하여 학급을 통해 발달하는 아이, '학급이'로 인물화시켜 보자.

우연히 학급이는 낯선 공간, 교사, 구성원이 있는 새로운 세계에 던져져 탄생된다. 학급이는 점점 낯선 환경에 적응해 나가면서 성장한다. 그리고 어느덧 일 년을 함께 했던 공간, 교사, 구성원들과 이별해야 한다. 학급이는 사라지고 다음해에 새로운 학급이가 탄생된다. 이러한 학급이의 탄생, 성장, 죽음의 과정을 '학급의 한살이'라 부르겠다. 생활교육은 교사와 아이들이 일 년 동안 태어나고 사라지는 학급이라는 아이가 태어나고 성장하며 사라지는 일 년의 한살이 과정이라고 본다. 학급이가 자라는 학급의 한살이 과정에는 인간의 발달 이론에 입각한 네 가지 원칙이 있다.

1. 학급이의 발달에는 순서가 있다.

인간의 신체적·정신적 발달은 일정한 질서에 따라 진행된다. 학급이 역시 탄생기-과도기-성장기-완숙기의 순서로 발달한다. 학급이 탄생되는 3, 4월 초기에 학급이가 자율성, 주도성, 시민성이 갖추고 있다는 것은 불가능하다. 학급이는 세상에 태어나 학습해야 할 것들이 많다. 학급이의 발달 단계를 고려하여 정성스럽고 일관되게 교육을 하는 교사의 노력이 학급이의 생존에 결정적이다. 발달하는 학급이에게 시간적 여유를 주고 기다려주는 자세가 바탕이 되어야 한다. 특히 학급이의 탄생기(3~4월)에 학급이를 안전하게 돌보는 양육자 역할이 강조된다. 학급이의 변화의 지점을 파악하려고 세심하고 깊이 있게 학급이를 보호하면서 관찰해준다. 또한 학급이를 위한 관습을 만들고 지원책을 연구한다.

하루하루의 작은 정성과 규범으로 학급이는 조금씩 성장해 나간다. 한 단계로 질적 발달을 하는 순간 교사는 충분히 기뻐해주고 격려해준다. 학급을 발달로 보는 관점을 가지면 학급의 과도기에 겪는 혼란과 갈등을 후퇴로 보지 않고 성장기로 나아가는 하나의 과정으로 이해하게 된다. 교사는 아이들을 여유 있게 기다려주고 관대하며 수용하는 태도를 가진다.

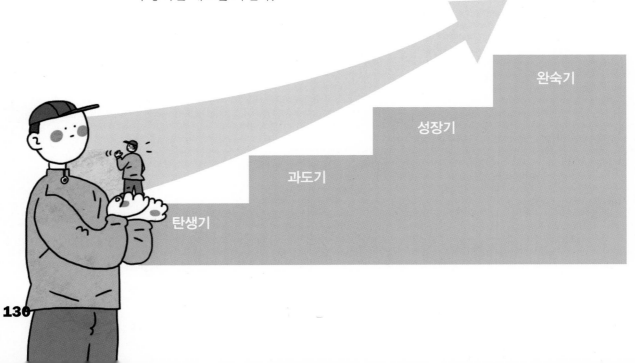

2. 다른 학급이와는 다르게 발달한다.

성장과 성숙의 속도는 사람마다 다르게 나타난다. '학급이'
역시 다른 학급이와 달리 각기 다른 개성을 가지고 있는 특별한
존재감을 드러낸다. 교사는 학년이 같더라도 학급마다 성향이
다름을 인정해야 한다. 성급히 다른 학급과 비교해서는 안
된다. 만일 우리 학급이가 인지적, 도덕적, 정서적으로 더디고
평탄하지 않은 발달을 보이더라도 일 년 동안 부진할 것이라는
판단을 성급하게 내리지 않았으면 한다.

학급이는 복잡한 생명체이므로 하나의 기준으로 바라볼 수 없다. 여러 다양한
시각으로 보면 반드시 우리 학급만의 긍정적 잠재력이 있다. 그 잠재성을 발견하고
꿈을 꾸고 성장해 나가면 학급이는 행복해진다. 이를 위해 교사는 더욱더 긍정적이어야
하고 활력적이어야 한다. 우리 학급이는 어느 단계에 왔는지 살펴본다. 만일 학급이
에게 탄생기의 친밀감과 안전함이 부족하다면 학예회, 프로젝트 등의 여러 가지 행사를
포함한 창체 교과의 교육 목적을 친밀감과 안전함으로 구성하여 교육한다. 학급이가
성장기에 있다면 일, 우정에서 친밀감을 형성하도록 협동과 리더십을 갖출 수 있도록
교육 목적을 조정한다. 학급을 발달로 이해하면 생활교육과 수업에서의 방향이
정해지고 일관성 있게 진행된다.

3. 학급이의 과거는 반드시 발달의 전 과정에 영향을 미친다.

발달 단계의 긍정적인 앞 단계는 다음 단계를 긍정적으로 발전시킬 가능성이 크다. 즉, 탄생기에서 안전감과 친밀감을 잘 형성했다면 과도기에서의 갈등과 혼란을 잘 극복하게 된다. 과도기의 발달 과제를 긍정적으로 이루었을 때 성장기의 자율적이고 협동하는 학급이로 발달하게 된다. 흥미로운 점은 학급이의 한살이에는 전생과 후생이 있다. 학급이의 과거의 삶이 현재의 삶에 막대한 영향을 준다. 4학년 학급이가 산만하고 충동적인 유형이었는데 강요형 교사를 만났다고 가정해 보겠다. 그런데 5학년 학급이가 과도 허용적 교사를 만났을 때는 4학년 때와 달리 억압되어 있던 부정적 감정이 마그마처럼 분출되어 작고 큰 사건·사고가 종종 일어나게 된다. 5학년 교사는 사랑으로 학급이를 수용해주고 이해해 주지만 학급이는 교사의 사랑을 의심하고 교사를 테스트하려 든다. 이런 부정적 역동으로 5학년 교사는 자칫 교사로서의 리더십을 상실하고 교사의 효능감을 잃어버릴 수 있다. 학급이의 한 해, 한 해의 한살이의 인생을 생각한다면 소중하게 돌봐주었던 과거의 교사에게 감사하게 된다. 과거의 영향력을 아는 교사는 학급이를 잘 살게 해주어 온전하게 미래의 교사에게 보내야 하는 책임감을 느끼게 된다.

4. 학급이의 발달은 학급이를 둘러싼 환경에 영향을 받는다.

'한 아이를 키우려면 온 마을이 필요하다.'라는 말을 생각해보자. 학급이를 둘러싼 학부모, 동 학년, 학교, 지역으로 연결되는 생태적인 상호작용 속에서 학급이는 발달한다. 물과 음식이 없는 척박한 곳에서는 결코 생물이 자랄 수 없듯이 사회문화적 환경이 생리적·교육적·문화적 욕구를 충족할 수 있어야 학급이는 생존할 수 있다. 사회문화적 환경이 학급이를 탄생하게 한다. 학급이의 성공이 지속적으로 이루어지는 과정은 학교, 학부모, 지역사회의 공동체로 성숙되는 것과 톱니바퀴처럼 맞물려 연결되어 있다. 따라서 교사는 동료 교사, 관리자, 교직원, 학부모, 지역사회의 넓은 차원에서의 연결성을 바라보면서 이들 간의 상호작용을 민감하게 꿰뚫어보아야 한다. 학급이를 잘 돌보기 위해 교사는 2가지 측면을 고려해야 한다. 각각의 주체들과 소통하고 협력하며 조화를 꾀하면서 또 다른 한편으로 각자의 역할과 개성의 차이를 존중해주어야 한다. 관리자, 학부모, 지역사회는 학급의 교사와 아이들을 공감적으로 이해하고 지원을 제공하는 노력을 해야 한다. 이때 담임교사와 아이들에게 통제나 심한 간섭이 되지 않는지 유의해야 한다.

02 학급의 발달 단계와 발달 과업

학급이의 발달은 인간의 발달과 비교하여 탄생기, 과도기, 성장기, 완성기의 4가지 발달 단계와 발달 과업으로 설명할 수 있다. 이와 관련하여 각 발달 단계에 알맞은 인사시를 개발하였다. 인사시는 학급에서 아침을 시작하고 오후를 마무리할 때 아이들과 함께 시로 인사를 하는 데 사용하였다. 아이들은 시로 인사를 하면서 심리적 연습을 꾸준히 진행할 수 있다. 인사시는 '학급의 한살이'의 발달 단계의 과업에 맞게 교사가 창작하지만 아이들과의 공동 창작을 통해 수정하면 더 좋다. 각 학급의 발달 과업이 다를 수 있다. 학기 중인 6월이지만 친밀감 형성이 필요하다고 판단되면 3, 4월 탄생기 인사시를 적용하는 게 바람직하다. 인사시를 학급 경영에 활용하는 방법은 다음과 같다.

인사시 활용 방법

① 인사시를 처음 보여주면서 이와 관련된 교사의 경험을 말한다.

② 아동들 삶의 경험과 인사시가 연결되어 있는 지점에 대해 탐구한다. 이를 통해 인사시의 문장을 수정하기도 한다.

③ 인사시로 매일 인사를 나눈다.

④ 다음 달이 오면 인사시가 나의 삶에 어떤 영향을 주었는지를 포스트잇에 쓰고 제출한다.

⑤ 포스트잇을 색지에 붙이고 예쁘게 꾸며 교실에 게시한다.

1. 탄생기(3~4월)

발달 과업: 친밀하고 안전한 분위기 형성하기, 공감과 자율의 규칙 약속하기

매년 3월에 학급은 새로 편성된다. 우리가 태어날 때 부모를 고를 수 없듯이 아이들은 학급을 선택할 수 없다. 아이들은 낯선 교실이라는 세계에 원하든 원하지 않든 교사라는 양육자에게 맡겨진다. 새로운 탄생은 불안과 두려움을 유발하게 된다. 불안을 잠재우려면 무엇이 필요할까? 그것은 물리적 심리적으로 안전한 환경이다.

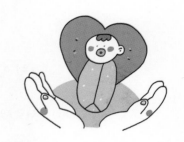

아이를 출산하기 전 부모는 물리적 공간을 아이를 위해서 준비한다. 아이를 위한 옷, 먹이, 침대, 놀잇감을 그 공간에 놓아주는데 이때 가장 고려하는 것이 '안정성'이다. 아이가 다치지 않는 물건을 고른다. 그런데 교실은 네모난 책상들이 공장의 기계 배열처럼 놓여 있다. 흰색 페인트칠은 병동을 연상하게 한다. 페인트칠이 벗겨지거나 발자국이 찍혀 있는 곳도 보인다. 가장 에너지가 왕성한 발달 시기를 맞이하는 아이들에게 교실은 안전과 편안함을 주는 공간은 아니다. 교사는 학급의 공간을 좀 더 유연하고 창의적으로 만들어야 하며, 이 방법은 2장의 '감각을 일으켜 즐거움 누리기'에서 자세히 다루었다.

학급의 편안함은 물리적 조건과 더불어 심리적 조건을 함께 충족시켜야 한다. 다음으로 엄마는 마음을 평화롭게 유지하며 태교를 한다. 불안감과 두려움을 느끼는 아이에게 엄마는 지지와 사랑을 보낸다. 교사는 학급이의 탄생기에 친밀하고 안전한 분위기를 형성하여 주기 위해서 공감과 지지의 태도를 지녀야 한다. 그래야 학급이는 서서히 남과의 교류를 시작한다. 이때 안전하다고 느껴야 모험과 실험을 할 수 있다. 실수하고 실패해도 교사가 공감해 주고 새로운 실험을 하도록 지지해 준다면 학급이의 불안감은 낮아지게 된다.

학급이의 심리적 연습은 생존을 위해 남과 교류하려는 미소 짓기로 시작한다. 한 사람의 미소는 보고 있는 사람 역시 미소 짓게 한다. 미소는 친절함을 배우도록 하며 개방적이고 수용적인 마음을 부르게 한다.

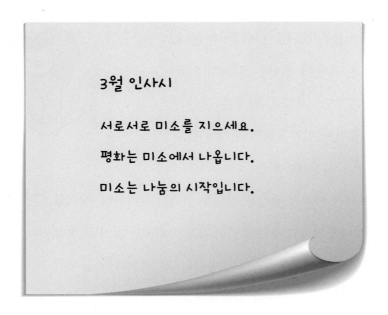

미소처럼 서로에게 영향을 주는 것이 바로 감정이다. 감정의 교류는 모빌과 같다. 모빌 위에 교사가 있으며, 그 아래에 학생들과 연결되어 있다. 위에 있는 교사의 기분이 흔들리면 아래에 있는 아이들은 더 크게 흔들린다. 그런데 희한한 것은 웃음은 나 혼자가 아니라 남들과 함께 웃을 때 기쁨이 몇 배로 늘어나는 반면, 슬픔은 누군가 공감해 함께 나누면 반으로 줄어든다는 것이다.

4월 인사시

우리는 모빌이며 생명체입니다.
나의 작은 화는 모두의 화가 되어 커집니다.
나의 큰 슬픔은 우리 모두가 나누어 작아져
사라집니다.
나의 행복은 모두의 행복입니다.

교사는 자기 기분의 영향력을 의식해야 한다. 교사는 주변에 의해 감정이 휩쓸리지 않고 중심을 잡아야 한다. 이에 대한 좋은 방법은 '지지의 태도를 자기 자신에게 돌려주는' 심리적 훈습이다. 여기서 지지란 '판단하는 마음 없이 타인의 행위를 인정하는 것, 충고하고자 하는 마음을 누른 채 타인의 이야기를 들어 주는 것'이다. 즉, 나 자신을 향해 나 자신의 행위를 인정하고 나 자신의 이야기에 끄덕여 주는 것이다.

그리고 불안을 잠재우기 위한 여러 행위 중에서는 예술적 행위가 효과적이다. 연극 놀이, 게임 그리고 유머는 개방적인 분위기를 형성하는 데 효과적인 방법이다. 노래, 그림, 연극, 춤 등의 예술적인 활동은 자신의 마음을 살펴보게 하고 새로운 관계를 시도하려는 방향으로 안내하게 한다. 자칫 예술 활동이 개인만의 행위로 고착될 수 있는데 진정한 불안은 만남을 통해서 해소될 수 있다.

인간의 심리적 욕구는 사랑과 힘(성취)에 대한 2가지 욕구를 기반으로 한다.[19] 앞에서는 학급이가 사랑받고 싶은 욕구를 충족시켜 주는 안전함, 공감, 지지에 대해 언급했다. 이번에는 아이들이 성취하여 자신의 힘을 발휘하고자 하는 주도성과

19) 임경수(2014). 애착이론과 역기능 발달 상담. 서울: 학지사.

근면성에 대해 살펴본다. 교사는 아이들에게 학급의 규범과 관습은 아이들과 교사와의 민주적이고 수평적인 관계에서 만들어진다고 약속해 주어야 한다. 또한 교사는 누구나 자유롭게 자신의 의견을 말할 수 있는 분위기를 만들고, 학급의 문제는 스스로 해결하는 경험을 갖게 한다. 그러한 과정을 통해 학급이는 성장한다. 3월 첫 주의 학교생활을 떠올리며 힘들었던 점을 공유하고 긍정적인 학급의 모습을 탐색하는 것은 의미 있는 출발이다. 우리가 바라는 학급의 모습을 탐색하며 아이들이 중요하게 생각하는 가치는 어떤 것이 있는지 함께 찾아본다. 선정된 가치를 지켜 나가기 위해 우리가 해야 할 행동이나 약속을 만들면서 공동체의 기본 토대를 마련하는 것이다. 바람직한 회의 문화를 위해 반드시 회의 약속(규칙)을 제시해야 한다.

회의 약속(규칙) 제시

- 비난하지 않는다.
- 손을 들고 말할 기회를 얻고, 말하는 사람을 경청한다.
- 교사도 1인으로서 권한만을 가진다.
- 회의 결정은 누구나 따라야 한다.

　　회의를 하면서 아이들은 소속감과 주도성을 가지게 되면서 학급이는 이제 과도기로 성장하게 된다.

2. 과도기(5~7월)

발달 과업: 학급 내 갈등 다루기, 의사소통 기술 익히기

3, 4월까지는 학급이 추구하는 목표를 이야기하면서 전체를 하나로 끌고 갈 수 있다. 하지만 5월에 접어들면 학급을 전체로만 상대하는 데 한계가 있다. 학급 분위기는 흐트러지기 시작하면서 남녀별, 그룹별 갈등, 집단 따돌림, 주도권 다툼, 무기력, 반항, 우울, 폭력, 사회적 일탈, 집단 따돌림, 성문제, 공감 부재 등의 갈등과 문제들이 일어난다. 이것은 당연하고 자연스러운 과정이다. 탄생기 단계에서 친밀감과 신뢰감이 형성되어 서로 친해지면 자연스럽게 자신의 욕구를 적극적으로 드러낸다. 그러다 보면 서로의 욕구가 충돌하면서 친구들 간에 갈등이 자주 발생하고 학급의 분위기에도 영향을 미치게 되어 교사와의 갈등으로 이어지게 된다.

학급 분위기를 친밀하고 평화롭게 만드는 데 가장 장애가 되는 요인은 우리 사회의 경쟁 문화이다. 달리기 경주를 하고 있는 선수들을 아이들이라고 가정해보자. 출발선의 아이들은 목표 지점만을 향할 뿐 결코 남에게 눈길을 돌리지 않는다. 숨도 쉬지 않고 앞만 보고 달려야만 1등이 될 수 있다. 주변의 사람들은 1등에게만 격려의 박수를 쳐준다. 나머지 아이들은 모두 실패자이다. 도전의 과정에서 개개인들의 무수한 역경과 사연들은 무시되고 결과만 남는다. 어떤 아이들은 이기기 위해서 일부러 반칙을 저지른다. 왜냐하면 정정당당한 실력으로 겨룰 자신이 없기 때문이다. 소수의 우수한 아이들이 친구들을 도와주고 과제를 협력하기 위해 잠시 기다려주는 모습은 보기 힘들다. 부진한 아이들은 과제를 하지 않기 위해 금세 포기하거나 짜증을 내고 남을 방해하는 대체 행동을 한다.

교사는 인사시를 낭독하면서 아이들에게 경쟁의식이 얼마나 우리 자신을 불행하게 만드는지를 알려줄 필요가 있다. 아이들에게 나의 이야기를 들려준다. 친구와 경쟁하려는 마음 때문에 결국 손해 본 이야기, 후회되는 이야기를 해준다. 그리고 "비슷한 경험을 한 적이 있니?"라고 질문을 해본다. 여러 아이들이 자기 이야기를 하면 할수록 교실의 경쟁구도에서는 누구도 행복하지 못하다는 공감대를 형성할 수 있다.

그러나 경쟁사회의 시스템을 교실로 들어오지 않게 차단하기란 쉽지 않다. 승자독식의 경쟁적 문화를 협력적 분위기로 바꾸기 위해서는 교사는 많은 도전에 직면해야 한다. 이것은 매우 힘들다. 이럴 때 교사는 전문적 학습공동체 활동을 하면서 느끼는 동료 교사와의 관계에서의 힘듦을 떠올려 볼 수 있다. "나도 이렇게 힘든데 사회 경험이 적은 아이들은 어떨까?"라고 생각하면 아이들이 이해되고 마음의 여유와 안정감을 조금이나마 찾을 수 있다.

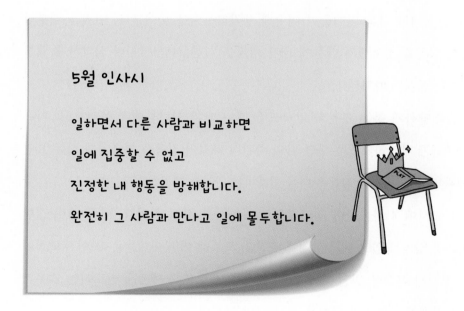

5월 인사시

일하면서 다른 사람과 비교하면
일에 집중할 수 없고
진정한 내 행동을 방해합니다.
완전히 그 사람과 만나고 일에 몰두합니다.

갈등 상황에서 나는 심각한데 남들이 웃거나, 비난하거나, 화를 낼 때가 있다. 인간이라면 누구나 자기 중심적으로 생각하기 마련이다. 때로는 상대방에게 피해를 당한것 같은 피해자의 기분과 감정에 휩싸이기도 한다. 나를 보려면 거울을 볼 수밖에 없듯이 타인이라는 거울을 통해 나 자신을 들여다 볼 수밖에 없다. 타인과의 만남을 통해 나의 감정, 생각이 어떠한지를 따져볼 수 있다. 이를 통해 화났으면 무엇 때문에 화났고, 나를 가장 건드리는 역린이 무엇인지를 파악할 수 있다. 이로써 특별히 자기 자신의 취약한 점을 알 수 있다. 내가 자존감을 가지고 있는 부분을 남들이 비난할 때는 별로 감정이 상하지 않을 수 있다. 그러나 내가 가진 상처, 신경 쓰이는 부분을 지적받을 경우 부정적 감정에 휩싸이게 된다.

나의 경우 내 감정을 취약하게 하는 상대는 이중적이거나 거짓말을 하는 사람일 경우가 많다. 폭력적이거나 반항하는 아이보다 거짓말을 하거나 이중적인 행동을 보이는 아이와 상담을 할 때는 가급적 빠른 판단이나 대책을 삼간다. 일단 다른 동료 교사를 찾거나 다른 아이들이 어떻게 생각하는지를 물어본다. 어렸을 때부터 어머니께서 정직을 강조했기 때문에 내가 상황을 다른 사람보다 더 심각하게 왜곡시키고 있지는 않은지 따져본다.

자신을 취약하게 하는 부분과 맞닥뜨릴 때는 다른 사람들에게 물어보고, 다른 사람들은 그렇게 생각하지 않는다면 나의 주관적 해석이 갈등을 부추기게 하는 요인임을 알아채야 한다. 따라서 갈등은 나를 이해하는 단서를 제공하기도 한다.

친절한 교사에게 아이들이 집단적으로 반항하는 사례가 있다. 이럴 때 친절한 교사는 커다란 상처를 입고 패닉 상태에 빠진다. 그런데 이런 아이들은 그 이전 교사나 부모에게 징벌적 훈육을 받은 데서 오는 분노를 새로운 교사에게 터트리는 경우가 있다. 또한 경계가 무너지면 아이들 간 욕구와 감정이 서로 충돌하기도 하며 이것이 정리되지 않을 경우 교사가 감당하기 어려운 과잉감정 상태를 초래할 수도 있다.

이 시기의 과업은 학급의 갈등을 모두의 문제로 받아들이고 함께 해결하는 경험을 쌓는 것이다. 학급에서 갈등이 생겼을 때 학급 전체의 문제로 받아들이고 함께 해결하고자 논의하는 것은 매우 중요하다. 학급공동체의 갈등에서 교사는 학급이 추구해 온 목표와 가치들을 점검하는 것이 필요하다. 한 개인의 문제는 모빌처럼 학급 전체의 분위기에 영향을 미친다. 함께 해결하는 경험은 서로를 이해하고 문제해결 능력을 기르고 학급을 공동체로 묶어주는 데 기여할 수 있다. 아이들과 평화적인 분위기에서 학급 회의를 하면서 스스로 규칙과 약속을 만들고 이를 책임지는 행동을 지속적으로 연습시킬 필요가 있다.

6월 인사시

갈등은 당연히 일어납니다.
상대방이 진짜 하고 싶은 말은 무엇일까?
도와줍니다.
갈등을 들여다보면서
나를 더욱더 알게 됩니다.

이때 가장 중요한 것은 "갈등과 문제를 교사가 어떻게 바라보느냐?"이다. 대개 갈등이 없는 것이 아니라 아예 없다고 부정하거나, 은폐하거나, 잊어버리거나, 소수의 의견을 성급하게 막아버리기 때문에 갈등이 표면화되지 않는 것이다. 그래서 작은 갈등들을 폭탄처럼 키우는 경우가 있다. 갈등과 문제를 해결해나가는 과정에서 우리는 성숙할 수 있다. 나와 문제를 일으키는 사람과의 만남은 나의 안목과 관점을 넓힐 수 있는 기회가 된다. 문제가 생기면 깊이 있게 고민하게 된다. 자신이 모르는 해결 방안을 뒤지기 시작한다. 아직까지 겪지 못했던 새로운 시도와 실천을 하게 된다. 이것이 실수나 실패로 끝날지라도 다음에는 더 나은 결정을 내릴 수 있다. 새 학기에 학생이 제기하는 문제는 나의 성장을 위한 '선물'이라는 마음을 가지게 되면 긍정적인 힘이 생겨날 수 있다.

7월 인사시

나와 다른 사람들의
'웃음', '눈물', '비난'
나 자신을 볼 수 있게 해 주어
감사합니다.
나의 성숙에 보탬이 됩니다.

교사는 작은 갈등에 민감해야 하며 여러 소소한 문제를 직접 해결해나가야 한다. 갈등을 겪는 당사자들의 감정에 공감하고 진짜 하고자 하는 말을 끌어내도록 경청하면서 그들의 입장, 주장, 의견이 명확해지도록 돕는다. 갈등 상황에서 익혀야 하는 의사소통 기술은 '나 전달법'이나 '비폭력 대화'이다. 자신의 생각, 감정, 원하는 것을 인식하고 이를 표현하는 기술이다. 자신의 감정을 인식하지 못하면 타인의 감정에도 공감하지 못하기 때문에 다른 사람의 입장을 이해하지 못한다. 따라서 가장 중요하게 다루어야 할 것은 다양한 감정 활동이다. 감정 단어들을 공부하고 자신과 타인의 감정을 정확하게 인식하는 활동이 필요하다.

3. 성장기(8월~11월)

발달 과업: 학급 안에서의 자신의 역할 책임지기, 협력과 리더십 연습하기

과도기가 아이들이 자신의 욕구와 감정을 표출하고 갈등 상황에 흔들리고 직면하는 변화의 과정이라면 성장기는 좀 더 성숙하고 안정적인 단계이다. 이 시기의 과업은 학급의 구성원인 개개인이 자신의 고유한 빛깔에 맞는 역할을 찾고, 그 역할을 수행하면서 자율성을 확립하며 학급 전체의 정체성을 확립하는 것이다.

이때는 학급이 서로 믿고 존중하며 의사소통이 활발하게 이루어지기 때문에 교사가 주도해 왔던 활동을 아이들이 자치적으로 이끌 수 있도록 주도권을 옮겨야 한다. 아이들이 개성에 맞게 학급 안에서 자신의 역할을 찾고 맡은 역할을 수행하면서 주체적이고 독립적인 존재로 성장하도록 교사는 안내하고 돕는다.

> 8, 9월 인사시
>
> 역할은 마음을 맞추어
> 하나가 되는 퍼즐입니다.
> 희망의 빛이며 배려의 씨앗입니다.

이 시기가 되면 교사의 개입 없이도 학급회의를 진행하거나 학습도우미, 또래 상담자 역할을 해내며, 각자의 빛깔에 맞게 학급의 행사를 계획하고 진행할 수 있다.

학급회의를 통해 학급 행사를 함께 계획하고 실행한 후 서로 잘된 점과 개선할 점을 이야기하면서 서로의 성장을 촉진한다. 이 과정에서 아이들은 자신의 장점과 특기, 적성을 알게 되며, 교사는 학급과 학교에서 그것을 살려나갈 수 있도록 기회를 찾아준다. 교사는 아이의 긍정적인 변화를 발견해주며 바람직한 방향을 제시해주고 안내하는 동시에 격려하는 상담사 역할을 하게 된다. 탄생기의 양육자 역할과는 달리 아이들이 다소 더디거나 서투르게 보이더라도 끝까지 주도권을 갖고 마무리를 할 수 있도록 교사는 가급적 간섭을 줄이고 거리 두기를 할 필요가 있다.

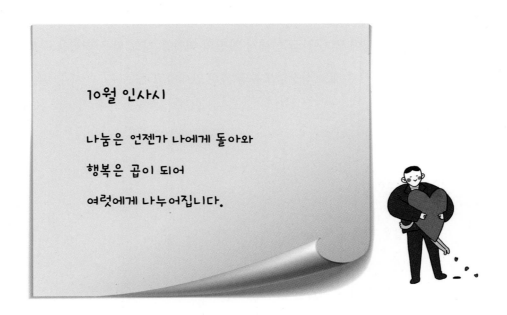

10월 인사시

나눔은 언젠가 나에게 돌아와
행복은 곱이 되어
여럿에게 나누어집니다.

이 시기는 여름방학이라는 공백이 있기 때문에 2학기를 시작할 때 1학기 초와 같이 학급이 원하는 목표와 중요한 가치, 약속을 재확인하는 반성의 시간을 가지는 것이 좋다.

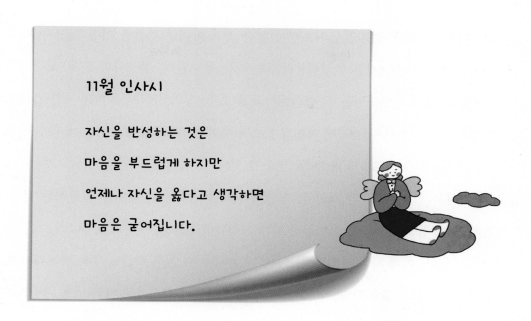

11월 인사시

자신을 반성하는 것은
마음을 부드럽게 하지만
언제나 자신을 옳다고 생각하면
마음은 굳어집니다.

한 학기를 지내다 보면 처음 합의했던 학급의 목표나 가치, 약속 등을 수정할 수 있다. 서로 존중하고 자유롭게 의견을 제시하고 합의하는 문화가 성숙되었다면 학급의 성장 정도에 따라 추구하는 목표는 얼마든지 다시 설정할 수 있다. 학급이 추구하는 목표를 이루는 과정에서 학급 고유의 빛깔이라고 할 수 있는 정체성이 드러나게 된다. 예를 들면 존중하는 학급, 봉사하는 학급, 웃음이 넘치는 학급, 민주적인 학급, 활기찬 학급 등과 같이 우리 학급만의 정체성을 확보할 수 있다.

4. 성숙기(12월~2월)

발달 과업: 감사하기, 내면화하기

완숙기에 접어들면 일 년간의 활동을 마무리하고 헤어짐을 긍정적으로 승화시키면서 그간에 이루어진 나의 성장을 바라본다. 이 시기의 과업은 일 년간 활동을 되돌아보고 자신의 성장한 모습을 점검하고 격려하며 새로운 학년을 준비하는 것이다.

일 년간의 다양한 경험을 돌아보면서 잘한 것과 아쉬운 부분은 어떤 것인지, 내가 성장한 것은 무엇인지를 반성해본다. 즉, 나는 누구인지, 친구와의 관계, 교사와의 관계는 어떻게 변화되었는지, 학습에서의 주도성, 동기, 전략은 어떠한지를 제대로 반성해 보는 것이다. 관계적인 측면과 학습적 측면에서의 변화를 살피는 데 나 자신뿐 아니라 친구와 교사로부터 피드백을 받을 수 있다.

교사는 일 년 동안의 개인적, 집단적 기억을 공유하고 의미를 발견하는 연극, 축제, 영화 등의 이벤트를 아이들과 함께 기획하여 한 해를 마무리할 수 있는 시간을 갖도록 한다. 이때 자기 자신과 친구들에게 감사할 수 있는 시간을 주는 롤링페이퍼, 편지쓰기와 같은 활동을 할 수 있다. 감사는 마음을 정화시키고 나와 남을 사랑하게 한다. 교사는 아이들과 상담을 하면서 한해를 함께 한 것에 대해 축복과 감사의 시간이 되도록 도와준다.

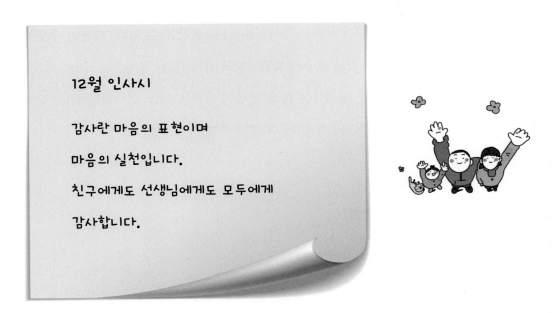

12월 인사시

감사란 마음의 표현이며
마음의 실천입니다.
친구에게도 선생님에게도 모두에게
감사합니다.

그리고 새 학년을 준비하며 가지게 되는 기대감, 설레임, 두려움 등의 감정과 욕구를 재인식하는 활동을 한다. 특히 초등학교에서 중학교, 중학교에서 고등학교로의 진학은 사회적으로 요구되는 나의 역할과 기대가 달라지는 큰 변곡점이 됨을 이야기해

본다. 아이들은 할 수 있는 능력과 자유가 많아짐에 따라 책임도 많아짐을 받아들여야 한다. 교사는 이러한 변화를 긍정적으로 수용하고 역할을 잘 수행하도록 하는 마음의 준비를 돕는다.

1, 2월 인사시

우리는 사랑과 우정을 만들었습니다.
내가 힘들고 지칠 때마다
우리가 만든 추억이
나를 지지하고 응원해줄 것을 믿습니다.

학기말에는 여러 바쁜 학사 업무로 개인 상담 시간이 충분하지 않을 수 있다. 하지만 문제 행동 아이와는 반드시 개인 상담 시간을 내는 것이 좋다. 아이의 행동 개선에 목표를 두는 것이 아니라 한해살이를 하면서 교사와 아이가 겪었던 서로의 한계를 인정하고 용서와 감사의 이야기를 나눈다. 그리고 교사는 더 나은 교사로 성장하기 위해 아이에게 선생님이 노력할 점을 말해달라고 부탁할 수 있다. 남의 단점은 누구나 잘 찾기 마련이다. 아이가 서운했던 점을 말한다면 매우 큰 성공이라고 생각한다. 더 나아가 아이가 노력했던 점을 격려하며, 이러한 변화를 가능하게 했던 지점을 찾아주고 상담을 마무리하면 된다. 그러나 이런 대화를 나누기 힘들다면 교사는 아이들에게 작은 선물을 주어도 좋다.

교사는 일 년 동안 정성들인 아이들과 이별할 때 시원섭섭한 양가감정을 갖을 수 있다. 자신의 실수와 상처들이 생각나기도 할 것이다. 아이들에게 어떤 선생님이었는지, 어떤 활동들이 좋았는지, 아쉬웠던 점들을 물어보는 설문을 해보는 것도 좋다. 교사는 방학 때 잠시 멈추어 자신의 내면을 살펴보도록 한다. 만일 스트레스와 피로감이 지나치게 높다면 전문상담을 받는 것도 좋다. 고통은 온전함으로 나가는 축복을 품고 있지만 불행히도 자기 자신이나 남을 해치게 하거나 건강을 잃게 할 수도 있다. 이럴 때는 반드시 부정적인 감정에 차 있는 나에게 "그만, 멈춰. 많이 힘들지? 나는 늘 네 편이야."라면서 마음속 나에게 말을 걸도록 한다. 화나 있는 나, 슬픈 나를 아프게 하거나 회피하지 말고 내 편이 되는 자기 사랑을 연습한다.

가장 힘든 것은 용서하기이다. 용서하기는 남을 위해서가 아닌 나를 구원하기 위해서 하는 것이다. 용서할 대상에게 반드시 잘 해주어야 하는 것은 아니다. 또한 용서하고 나서 상대가 무엇을 해주리라는 기대감, 상대가 잘 안되기를 바라는 내 마음을 탓하는 죄책감마저 역시 내려놓아야 내 마음에 평화와 고요함이 온다.

03 발달 과업을 촉진하는 연극 놀이

중등교사들은 아이들과 만날 시간이 초등교사에 비해 적다. 게다가 청소년들은 자신을 솔직하게 노출하는 것을 꺼려한다. 입시와 관련 없는 활동에는 흥미를 보이지 않아 담임교사가 학급공동체를 형성하기란 여간 쉽지 않다. 하지만 놀이는 어른 아이를 가릴 것 없이 재미있어하고 좋아하며 간단히 짧은 시간에 할 수 있다는 장점이 있기 때문에 배움과 치유를 위한 학급한살이 생활교육에 연극 놀이를 적극 활용해보는 것이 좋다.

그러나 막상 연극 놀이를 하게 되면 예상하지 않았던 어려운 점들과 부딪히게 된다. 놀이가 잘 안 되고 서로 다투거나 사고가 발생해서 교사 역시 당황하고 화가 나기도 한다. 이럴 때 교사는 놀이의 목적을 생각해야 한다. 배움과 치유를 위한 학급한살이 생활교육에서 놀이를 하는 목적은 즐거움이 아니라 공동체로서의 배움이다. 놀이와 회의를 병행하여 놀이 규칙을 지키고 개선해 나가면서 질서, 우정, 협력, 존중 등의 가치를 인식하고 사회적 기술을 배울 수 있다면 성공이다. 교사가 연극 놀이를 하면서 접하게 되는 어려움에 대한 해결 방안은 다음과 같다.

놀이 규칙을 잘 모를 경우

● 놀이를 하기 전에 몇 명의 아이들에게 알려주어 아이들이 이해 안 되는 부분을 확인하고 그 점을 보충하여 설명해 준다. 시범을 보여주거나 이해한 아이가 친구에게 설명해 준다.

놀이에 들어오지 않는 아이가 있을 경우

● 아이에게 이유를 들어보고 친구들의 활동을 보기를 권한다. 들어오고 싶을 때 언제든지 들어올 수 있음을 미리 알려준다.

서로 섞이지 못하는 아이가 생기는 경우

● 놀이를 잠깐 멈추고 회의한다. 섞이지 않는 아이의 심정을 알려주고 서로 존중하는 해결 방안을 생각한다. 시작하기 전에 남을 거부하는 행동을 하는 경우 놀이에서 제외됨을 알려주어도 좋다.

싸움이 일어나는 경우

● 놀이에 참여한 아이들에게서 싸움을 한 아이들을 밖으로 나오게 한다. 각자의 입장을 들어주고 어떻게 할지를 결정할지 물어본다. 아이들의 선택을 존중하여 준다.

남녀가 섞이지 않는 경우

● 놀이에 익숙해져 재미를 느낄 시점에서 남녀가 반드시 섞여야 한다는 규칙을 넣어 준다.

놀이가 지루해졌을 때

● 교사가 속도 있게 진행을 한다. 아이들과 함께 재미있게 될 수 있는 새로운 전략을 찾는다. 아이들의 결정을 수용한다. 만일 그래도 놀이가 잘 되지 않을 경우 왜 잘 안 되는지에 관해 아이들과 함께 이야기를 나눈다. 실패했다면 이 실패로부터 무엇을 배웠는지를 공유한다.

놀이 시간이 길어질 때

● 과감하게 놀이를 멈추고 언제 할지에 대해 정한다. 놀이를 다시 하기 전에 리더 역할을 하는 아이들과 이 놀이를 잘 하는 방법을 논의한 후 업그레이드된 놀이를 시도해 본다.

이제 '학급이의 한살이'의 각 발달 단계에서 달성해야 하는 발달 과업을 고려하여 배움과 치유의 교실을 위한 연극 놀이를 소개해본다. 자세한 매뉴얼은 네이버 블로그 '교육연극발전소 & 하모니 다문화예술치료 연구소'에서 찾아 볼 수 있다.

1. 탄생기(3~4월)

이 시기에는 관계 형성이 가장 중요하므로 라포(rapport) 형성이 가능한 놀이를 하는 것이 좋다. 처음부터 모든 사람 앞에서 집중을 받으며 나를 노출하는 개인 활동보다는 전체가 몸을 움직이는 활동을 하는 것이 좋다. 처음 만나게 되는 교실 공간은 집단 활동을 통해서 편하고 안전한 공간이라는 느낌을 가질 수 있도록 한다.

첫 날 가장 손쉽게 할 수 있는 놀이는 '눈치 게임'이다. 아이들은 자기 번호, 친구 이름을 모르는 상황이다. 반 번호 순서대로 번호를 부르며 일어난다. 자기 번호와 앞 번호, 뒤 번호의 친구를 알게 된다. 반 번호 순서로 나와 줄을 서고 나서 서로 손끝 마주 대기, 동작이나 단어 전달하기를 해도 좋다. 눈치 게임은 여러 가지로 변형할 수 있다. 남의 이름을 부르면서 일어나기를 하면 반 친구들의 이름을 외우게 된다.

잔잔한 음악과 함께 모든 아이가 교실 안을 움직이며 눈빛으로, 손끝을 마주 대며, 어깨로 인사하는 활동을 한다. 이 활동은 상대방을 몸의 감각을 이용하여 탐색하고 느낌을 나눌 수 있는 좋은 기회가 된다. 이외에도 '밧줄 넘기기'나 '매듭을 풀어라' 활동은 반 전체에게 공동의 도전 과제를 부여한다. 이를 달성하기 위해 서로 돕고 노력하다가 막상 성공하게 되는 순간에는 환호성이 터져 나온다. 이때 자연스럽게 서로에 대한 신뢰감과 협동심을 기를 수 있다.

'원 만들기'는 교실 안에서 책상을 모두 치우고 의자를 둥글게 놓고 앉는 것이다. 이때 교사도 원 안으로 학급의 일원이 되어 들어가서 함께 활동하는 것이 중요하다. 모든 구성원이 평등하게 발언권을 갖고 모두가 서로를 바라볼 수 있는 구조가 되어 집중력이 높아진다. 원을 만든 후에는 서로를 칭찬하고 감사하는 '칭찬 감사하기' 활동으로 이어나가고, 활동이 끝난 후에는 간단히 소감을 나누도록 한다. 원 만들기를 한 후에는 즐겁게 놀 수 있는 경험을 하면 좋다. '과일 바구니 게임'이나 '손님 모셔오기' 게임은 모두가 재미있고 쉽게 할 수 있는 놀이이다.

2. 과도기(5~7월)

이 시기에는 내가 어떤 의견을 이야기해도 비난받거나 평가받지 않는다는 편안함과 신뢰감이 어느 정도 형성되어 있어야 한다. 이를 바탕으로 자신의 감정을 인식하고 외부의 다른 대상을 빌어 표출할 수 있는 투사 활동을 할 수 있다.

'감정 낙서'는 색연필로 종이 위에 자신의 감정을 낙서의 형태로 표현하고 객관적으로 바라볼 수 있는 기회를 제공한다. 낙서한 종이 뒷면에 제목을 붙이거나 간단한 설명을 적게 하면 교사도 아이를 파악할 수 있고, 아이들은 속이 풀려서 시원하다는 반응을 보인다. '신문지 격파'와 '신문지 눈싸움' 활동도 신문지 뭉치를 부수고 찢고 던지는 몸동작을 통해 억눌린 감정을 마음껏 표현하고 스트레스를 해소시키는 활동이다.

같은 게임이라도 주제를 달리하고 의미를 어디에 두느냐에 따라 다를 수 있다. 예를 들면 과일 바구니 게임을 탄생기에 과일 이름으로 했다면, 과도기 단계에는 "나는 ○○할 때 슬퍼(기뻐).", "내가 제일 싫어/좋아하는 말은 ○○이야.", "학교에서 내가 가장 속상했을 때는?" 등으로 감정에 초점을 맞추어 변형할 수 있다. 서로의 감정을 읽어주고 위로하면서 친구들을 이해하고 공감하는 폭이 넓어지고 하나가 된다. 원만들기 활동의 탄생기 단계에서는 칭찬이나 격려 받고 싶은 일을 했다면, 과도기 단계에서는 속상했던 일, 걱정되는 일, 다행이었던 일 등을 말하게 하면 자신의 내면을 더 깊이 있게 표현하고 나눌 수 있다.

3. 성장기(8~11월)

이 시기에는 다양한 역할을 경험하고 상대방의 입장이 되어 보는 역할극이 효과적이다. 대본을 외우거나 특별한 무대를 만들지 않더라도 상황과 역할만을 정하고 즉흥극을 하면 아이들은 자유롭게 자신을 드러낸다. 역할극을 하면서 현실의 세계에서 허구의 세계로 넘어갈 수 있는 상상력이 풍부해진다. 놀이를 통해 긴장을 풀고 감정 표현 활동을 많이 하면 역할극에 쉽게 접근할 수 있다. 연기를 하면서 자신이 맡은 인물의 감정을 느껴보고 자연스럽게 표현한다. 역할극은 생활 속에서 일어나는 갈등 상황을 객관적으로 인식하고 상대방의 입장이 되어 보는 기회를 갖도록 하는 데 좋은 활동이며, 국어, 도덕, 사회 등 여러 교과에서도 효율적으로 사용할 수 있다.

4. 완숙기(12~1월)

이 시기에는 한해살이 전반에 있었던 기억을 피드백하며 나를 정리할 수 있는 활동으로 구성하는 것이 좋다. 그동안 학습해왔던 자신의 결과물 중에 가장 마음에 드는 작품을 뽑아 전시회를 갖는다거나 '올해 우리 반의 이모저모'를 주제로 일년간의 경험을 정리하여 모둠별로 소개할 수도 있다. 어느 단계에서나 응용이 가능한 '과일 바구니 게임'은 '내년에 꼭 하고 싶은 일'을 주제로 제시하면 "내년에는 친구를 5명 이상 사귀겠다.", "책을 더 많이 읽겠다.", "발표를 잘 하겠다." 등으로 아이들이 스스로 정리하고 다짐하는 계기를 줄 수 있다. 이 시기에 '추상화 그리기' 활동은 친구들과 일 년 중에서 좋았던 경험과 안 좋았던 경험을 이미지를 통해 이끌어내면서 친구들과 자연스럽게 이야기를 나누고 공감을 할 수 있는 활동이다. 학급의 한살이에서 여러 가지 잊었던 기억들이 모아지고 현재 나와 친구들은 이것을 어떻게 해석하고 있는지 알게 한다.

그러나 일 년 동안 친구에게 격려 받지 못하고 관계에서 단절된 아이가 있을 수 있다. 이때는 선물 게임이 좋다. 교사는 학급 아이들 명수에 맞게 간단한 선물을 준비한다. 이 선물을 한 명씩 나누어 주는 역할을 소외된 아이에게 맡긴다. 미리 누가 나누어 줄지 말하지 않는다. 선물을 나누고 받는 것을 게임으로 하자고 말하고, 게임의 규칙으로는 반드시 나누어주는 사람과 눈을 맞추고 "감사해."라는 말을 해야 받을 수 있다고 정한다. 이 활동을 게임이라는 구조에 넣으면 감동을 느낄 수 있다. 인생 처음으로 반 아이들 전체와 만나는 경험을 하는 행복한 아이의 얼굴을 볼 수 있다.

01. 학급 발달의 원칙

02. 학급의 발달 단계와 발달 과업

03. 발달 과업을 촉진하는 연극 놀이

학습 정리

01. 학급 발달의 4가지 원칙

사회적 변화는 학급을 발달적 관점으로 바라보면서 교사의 돌봄 역할을 강조하게 되었다. 학급 발달의 원칙은 다음 4가지가 있다.

1. 학급의 발달에는 순서가 있다.

인간이 신체적·정신적 발달은 일정한 질서에 따라 진행된다. 학급 역시 탄생기-과도기-성장기-완숙기의 순서로 발달한다. 발달하는 '학급이'에게 시간적 여유를 주고 기다려주는 자세가 바탕이 되어야 한다. 특히 학급이의 탄생기(3~4월)에 학급이를 안전하게 돌보는 양육자 역할이 강조된다.

2. 다른 학급과 다르게 발달한다.

성장과 성숙의 속도는 개인적으로 다르게 나타난다. 교사는 같은 학년이지만 학급마다 성향이 다름을 인정해야 한다. 성급히 다른 학급과 비교를 해서는 안 된다. 교사는 학급 단계를 살펴 그에 알맞은 발달 과제를 위해 학급에서 이루어지는 생활교육과 수업에서의 방향을 정하고 일관성 있게 진행한다.

3. 학급이의 과거는 반드시 발달의 전 과정에 영향을 미친다.

발달 단계의 긍정적인 앞 단계는 다음 단계를 긍정적으로 발전시킬 가능성이 크다. 또한 흥미로운 점은 학급이의 한살이에는 전생과 후생이 있다. 학급이의 한 해, 한 해의 한살이의 인생을 생각한다면 소중하게 돌봐주었던 과거의 교사에게 감사함을 느끼게 된다. 과거의 영향을 아는 교사는 학급이를 온전하게 잘 살게 해주어 미래로 보내는 책임을 다한다.

4. 학급이의 발달은 학급이를 둘러싼 환경에 영향을 받는다.

학급이를 둘러싼 학부모, 동학년, 학교, 지역으로 연결되는 생태적인 상호작용 속에서 학급이는 발달한다. 따라서 교사는 동료 교사, 관리자, 교직원, 학부모, 지역사회의 넓은 차원에서의 연결성을 바라보면서 이들 간의 상호작용을 민감하게 꿰뚫어보아야 한다.

학급이를 잘 돌보기 위해 교사는 두 가지 측면을 고려해야 한다. 각각의 주체들과 소통하고 협력하면서 조화를 꾀하고 또 다른 한편으로 각자의 역할과 개성의 차이를 존중해 주어야 한다.

02. 학급의 발달 단계와 발달 과업

1. 탄생기(3~4월)
안전함, 지지와 공감

2. 과도기(5~7월)
모험, 의사소통, 문제 해결

3. 성장기(8~11월)
역할, 리더십

4. 완성기(12~2월)
감사, 내면화

03. 발달 과업을 촉진하는 연극 놀이

1. 탄생기(3~4월)
눈치 게임, 매듭을 풀어라, 원 만들기, 과일바구니 게임

2. 과도기(5~7월)
신문지 눈싸움, 감정 낙서, 신문지 격파

3. 성장기(8~11월)
역할극: 일으켜 세워, ○○에 가자

4. 완성기(12~2월)
추상화 그리기, 선물 게임

행복하게 산다는 것은 마음이 평온함을 뜻한다.

– 시세로

제 **4** 장

교사 마음
치유하기

01 교사 치유의 필요성

교사는 수시로 바뀌는 교육과정, 교과서, 교육정책에 적응해야 하고 정규 수업 외에 추가 수업, 가중된 업무를 감당하기 위해서 속도를 내야 한다. 학기 말에는 나이스 평가, 생활기록부, 교원평가 등으로 더욱 더 바빠진다. 만일 가정 문제가 심각한 상황이라면 몸과 마음이 소진되어 버린다. 그런데 "방학을 하는 교사는 직무유기이며 급여를 주는 것은 탈세이니 방학기간 아이를 돌보는 부모에게 나눠주라."는 청와대 국민청원이 올라왔다고 한다.[20] 교사 월급은 연 급여를 12달로 나누어 지급되기 때문에 실제 방학과 월급과는 무관하지만 교사의 어려움을 공감 받지 못하고 있으므로 더욱 답답하다.

경력이 높아질수록 교사 급여는 다른 국가에 비해 가장 높다고 하는데 OECD 34개국 중 우리나라 교사가 '교사된 것에 후회한다'고 하는 응답이 가장 높았다.[21] 과연 무엇이 대한민국 교사를 불행하게 할까? 교사의 96.5%가 자신을 감정노동자라고

20) "교사의 방학 폐지해달라." 는 청와대 청원글…7,800여 명 동의 (한겨레. 2018. 7. 24.).

21) 교수·학습 국제조사 (TALIS: Teaching and Learning International Survey 2013)

인식하고 있으며, 감정노동의 결과로 생기는 불안, 분노, 우울, 자존감 상실 등의 스트레스가 심각한 수준이라는 응답이 78.1%로 나타났다.[22] 학생들의 생활전반을 꼼꼼히 살펴야 하는 초등교사들이 신체 건강보다 정신 건강에 대한 증상 호소가 많고 특히 신경질 증상, 정서 불안 증상, 우울 증상의 순으로 증상을 호소한다.[23]

　　교사는 원하지 않아도 상당히 많은 사람들과 관계하게 된다. 학급의 아이들 30여 명, 이들의 학부모들 60여 명, 동료 교사들을 포함한 교직원들 이들을 합하면 적어도 100여 명이 넘는다. 교과를 담당하는 교사들은 훨씬 더 많은 아이들을 만나며 부장교사들은 지역 기관의 경찰, 변호사, 마을 활동가, 방과후 보육교사들까지 넓은 영역의 다양한 사람들을 상대하고 있다. 그러나 학교 밖의 사람들이 바라보는 교사에 대한 인식은 호의적이지 않다.

　　가족의 형태가 다양해지고 아이들의 성향도 예외성이 커지고 있다. 학부모와 아이들로부터 위협감을 느끼는 교사가 학교 내부에서 보호받을 수 있을까? 학교는 투표로 교장, 교감을 뽑지 않는다. 교육청에서 선발되는 승진 제도는 관리자가 교사와 아이들보다 교육청에 민감하게 한다. 관리자가 되기 위해 승진 점수를 채우기 위해 일하는 강도는 높아지지만 정작 수업, 아이들과의 만남에서 멀어진다. 또한 승진을 해야 하는 사람들은 징계에 예민하기 때문에 도전과 모험보다 현상을 유지하고 싶어진다. 불행하게도 학교의 관리자가 모든 결정을 독점하고 명령하며, 뜻대로 안 되면 소리를 지르거나 화를 내는 독재형, 능력 있고 열심히 일하는 교사를 끌어내리고자 하는 시기 질투형, 일에서 멀리 나와 관망하는 뒷짐형 등의 교육자가 있다. 이들 앞에서 교사는 분열, 회피, 위축, 무기력감에 빠지게 된다. 불행하게도 교사는 학교 시스템에서 교권을 보호받을 수 있다는 안전감을 느낄 수 없다.[24]

　　학교폭력, 학생 안전사고, 학부모의 민원, 행정실 직원을 비롯한 교직원과의 갈등 등은 교사 혼자서 감당할 수 없으며 교사의 권한은 적으나 책임은 많다. 교사들은

[22] 한국교육신문(2014)의 '감정노동 인식조사 결과'

[23] 정수희, 김동희(2017). 초등학교 교사의 건강지각, 건강상태와 건강증 진행. 한국학교보건학회. 30(3).

[24] 한국교원단체총연합회가 발표한 '2017년 교권회복 및 교직상담 활동실적 보고서'를 보면 (중략) 교총에 접수된 교권침해 상담 사례는 508건이었다. 10년 전인 2007년(204건)과 비교하면 2.5배 수준이다. (중략) 학부모에 의한 교권침해가 차지하는 비율은 2016년에서 2017년 절반 이상으로 높아졌다(연합뉴스, 2018. 05. 09.).

스스로의 교권 보호를 위해 사회적 제도 개선에 노력해야 하지만, 이것은 시간이 걸리고 여럿이 함께 해야 한다. 그렇다면 당장 끔찍한 고통을 호소하는 교사는 어떡해야 한단 말인가?

교사가 열정을 갖고 도전하고 모험하면 반드시 역경이 따라온다. 새로움을 창조하기 위해 열정을 다하는 교사들이 몸과 마음을 소진하는 모습을 여러 번 보았고 나 역시 상처가 크다.

우선 교사는 당연히 실수하고 실패할 수 있는 취약한 인간이라는 점을 인정해야 한다. 이럴 때 "참 힘들겠어요."라는 위로, "제가 같이 있어 줄게요. 언제든 이야기를 들어 줄게요."라는 경청, "선생님이 ~하는 게 십분 이해돼요."라는 공감, "저도 함께 하고 싶어요. 어때요?"라는 협력의 말을 해주는 동료 한 명만 있어 준다면 얼마나 좋을까? 하지만 인생의 상담자이자 동반자 역할을 해주는 동료 교사가 내 곁에 늘 있는 것은 아니다.

그런데 나의 상담자이자 동반자 역할을 항상 해줄 수 있는 사람이 있다. '내 안의 있는 나'는 나와 한 몸이기에 늘 내 곁에 있을 수 있다. '내 안의 치유자이자 동반자'는 감정을 조절하고 몸과 마음을 조절하며 행동을 조절할 수 있는 심리적 어른이었으면 좋겠다. 부정적인 감정에 휘둘릴 때 중심을 잡고 감정을 조절하고 긍정적인 생각으로 차분하게 하나씩 문제를 해결하게 해주는 그런 어른이었으면 좋겠다.

아이들도 담임선생님이 자신들을 수용하고 품어주는 어른이기를 바랄 것이다. 행복한 배움과 치유를 위한 교실을 위해 교사가 우선적으로 해야 할 것은 바로 자기 자신에 대한 마음 챙김이다. 나의 성격과 방어기제, 취약성을 잘 들여다보아야 한다. 성실하고 안전한 것을 추구한 성격의 교사는 정리정돈을 잘하고 규칙을 잘 지키는 아이에게 호감을 느낀다. 창의적이며 도전적인 아이에게 당혹감을 느낄 수 있다.

반대로 창의적이며 실험적인 성격의 교사는 예민하고 일정한 틀을 원하는 아이에게 갑갑함을 느끼기도 한다.

자신의 잘못을 가지고 있는 사람을 투사하기 때문에 미움을 가지고 비난하고 화를 내게 된다. 혹시 스트레스와 감정이 격하게 차면 큰소리로 야단을 쳐 상대를 당황스럽고 수치스럽게 하는 행동을 하지 않았는지 반성해 본다. 이를 반복하고 있다면 이를 알아차리는 것부터 시작해야 한다. 그리고 스트레스가 다시 올라올 때 나에게 브레이크를 걸어 멈출 수 있어야 한다. 아이들에게 말과 행동을 할 때 서두르지 않고 잠시 멈추는 것은 중요하다. 남을 도와 주려는 선의의 행동이 자칫 균형을 잃으면 나와 남을 해칠 수도 있다.

02 역기능적 교사 유형

아이들의 몸과 마음이 건강하게 성장하려면 온전한 돌봄의 공간과 돌봄의 리더십을 발휘하는 교사가 있어야 한다. 교사의 리더십은 경계와 사랑이 공존해야 한다. 즉 자신에 대한 신념과 동시에 아이들에 대한 친절함이 있어야 한다. 아들러는 경계성과 친절함의 두 가지 기준으로 교사를 회복적 교사, 징벌적 교사, 방임적 교사, 허용적 교사의 4가지 유형으로 나누었다. 배움과 치유를 위한 생활교육을 학급이의 한살이로 보았을 때 교사는 아이들에게 물리적·신체적·심리적·사회적 돌봄을 하는 양육자이다. 이에 애착이론을 빌려와 역기능적인 교사 유형으로 완벽주의형 교사, 강요형 교사, 과도 허용형 교사, 감정 분리형 교사로 유형화하였다.

완벽주의형 교사는 아이에게 만족을 느끼지 못하고 아이의 성취를 칭찬해도 실상 만족하지 않는 유형의 교사이다. 오히려 더 나은 것을 추구하라고 한다. 최고에 대한 목표에 집착하지만 행복해지지 않는다. 목표만을 향해 달리며 관계나 친밀감을 갖는 것은 헛된 일이라고 생각한다. 이런 교사가 양육하는 학급이는 경쟁적이며 자신의 성취를 낮게 취급한다. 실패에 대해 민감해지고 비난하기 때문에 열등감, 낮은 자존감을 보이게 된다. 따라서 미션이 주어지지 않으면 아이들은 굳이 정서적인 유대감을 가질 그 어떤 협력도 하지 않는다. 이럴 때 교사는 실패했을 때도 성공했을 때도 사랑해 주고 지지해 주어야 한다. 완전한 성공과 실패는 없으며 삶은 끊임없는 실패들의 연속이며, 실패를 통해 성장하고 발전될 수 있다는 긍정적 의미를 알게 해준다. 개인적 성공을 미루고 남에게 도움 행동을 하거나 팀을 위해 협력하는 아이를 격려해 준다.

강요형 교사는 지나치게 간섭하고 아이에게 선택권을 주지 않는 유형의 교사이다. 학급이가 원하는 데로 따라주지 않아 갑갑함을 느끼게 된다. 교사는 아이의 자율성을 무시한 규칙들을 점점 많이 강요한다. 이것은 교사 내면에 상대적으로 불안과 콤플렉스가 높아 아이들을 기다려 주거나 신뢰하지 못하는 심리적 원인에서 빚어진다. 학급이는 강요를 받아 고분고분한 듯 보이지만 시간이 지나면 방어기제가 나타난다. 교사의 말을 못 들은 척하거나 늑장을 피우거나 말을 듣지 않는다. 이럴 경우 교사는 학급 아이들이 자신을 표현할 수 있도록 해야 하고 거절할 수 있는 분위기를 형성해야 한다. 학급이가 스스로 규칙을 만들고 책임을 지는 과정을 지지해 주고 격려해 주기 위해 회의 문화와 자율적인 제도를 안내해 준다.

과도 허용형 교사는 경계는 낮고 사랑을 많이 준다. 예절이나 규칙에 관심이 적거나 없고 학급이가 하고자 하는 것을 조건 없이 허용한다. 간혹 아이들에게 당황하거나 조정당하는 느낌도 받는다. 교사가 인내심을 갖고 사랑을 주는 반면, 아이들은 인내와 자제심을 위한 어떠한 노력도 하지 않고 충동적으로 행동한다. 자기감정을 표현하는 데 주저함이 없다. 남의 영역이나 권리를 인정해 주지 않으면서 상대가 들어주면 크게 기뻐하면서 상대가 거절하면 크게 좌절하여 화, 짜증을 부리거나 신경질적 반응을 보인다. 자기 책임을 방기하고 남이 해주기를 기대한다. 이럴 경우 교사는 자신의 감정을 표현하고 신념과 원칙을 세우고 경계를 세워야 한다. 또한 아이로부터 사랑을 받고자 하는 심리적 의존성이 있는지를 확인하고 심리적으로 독립하려는 심리적 연습을 해야 한다.

감정 분리형 교사는 경계도 낮고 사랑도 주지 않는 유형의 교사이다. 학급이와 교류를 거의 하지 않는다. 교실은 규칙이 있더라도 실제로 지켜지지 않아 소란스럽고 혼돈스러운 분위기가 된다. 어떤 아이들은 남을 침범하거나 방해하는 데 재미를 느끼기도 한다. 도덕이나 양심에 대한 기준이 낮아지고 윤리적인 혼란을 겪기 때문에 남을 이용하려 든다. 남에게 심하게 밀착하면서 나쁜 말과 행동을 하는 집단을 형성하기 때문에 따돌림이 발생할 가능성이 매우 높아진다. 또 다른 아이들은 이런 그룹에 끼지 않거나 친밀감을 느끼지 못해 외롭고 고독하게 지낸다. 이럴 경우 교사는 교사로서의 소명과 자신감을 찾기 위한 심리적 연습을 해야 한다. 그래야 아이들과 직면하는 용기를 낼 수 있고, 비로소 아이들과 솔직한 만남을 시작할 수 있다.

03 연극 심리 상담을 활용한 교사 치유 방법

이 장에서는 교사들이 마음의 상태를 자기 점검하고 스스로 치유하며 성장하는 훈습 방법을 소개해본다. 나에게 도움이 되었고 아이와 동료 교사의 반응이 좋았던 활동이다. 마음에 다가오는 활동이 있다면 잠시 책 읽기를 멈추고, 활동에 필요한 준비물을 가져와 지금 해보기를 권한다.

1. 활동명

Back to the school

2. 활동 목표

학교의 부정적 정서나 감정을 탐색하면서 학생의 입장을 공감할 수 있다.

3. 준비물

색칠 도구, 도화지, 종이, 펜 혹은 연필

4. 방법

- 학창 시절을 떠올린다. 졸업 앨범이나 학창시절 사진을 보는 것도 좋다.
- 도화지에 학창 시절을 떠올리는 사물을 그린다.
- 사물 하나하나가 나에게 주는 감정을 적는다.
- 부정적인 감정을 올리는 인물이 생각난다면 그/그녀에게 하고 싶은 말을 한다.
- 나에게 학교 생활은 무엇이었는지를 한 문장으로 정의한다.
- 현재로 돌아와 교사인 나로서 아이들은 학교에서 어떤 감정과 생각을 할까를 질문해본다.
- 교사로서 아이들에게 어떻게 해 줄지에 관해 짧은 글쓰기를 한다.

5. 성찰

이 활동을 하면서 도화지에 커다란 몽둥이를 그렸다. 그리고 수치심과 억울함이라는 감정이 올라왔다. 생생하게 기억을 떠올릴 수 있었다. 초등학교 5학년 때 갑자기 선생님께서 아이들이 다 보는 가운데 이름을 불렀다. 총각선생님이었고 수줍은 성격으로 여자 아이들에게는 잘 해주는 선생님이었기 때문에 별 탈 없이 잘 지내고 있었다. 그런데 하루는 그가 갑자기 "칠판을 짚고 돌아서 있어"라고 말하는 것이었다. 몽둥이로 내 엉덩이를 내리쳤다. 선생님에게 맞은 것은 처음 있는 일이었다. 반 남자 친구들은 유리창으로 보면서 웃기도 하였다.

그때의 수치심은 지금도 남아있다. 상상으로 떠올린 선생님에게 말하고 싶었다.

"당신은 정말 옳지 못했습니다. 적어도 무슨 일 때문인지는 따로 불러서 이야기했었어야 했습니다."

'나는 우리 아이들에게 수치심을 불러일으키는 행위는 하지 않겠다, 전체 앞에서 아이를 혼내는 일을 하지 않겠다.'라고 몇 번이고 다짐했다.

어릴 적 학교 기억을 그린 남자 교사의 그림이다. 제기, 축구공, 자전거, 윷놀이를 함께 한 친구들과 빗속에서 우산을 쓰면서 즐겁고 행복하였다고 했다. 내가 그에게 "선생님, 이 가방에 어떤 감정을 느끼세요?"라고 물었다.

오래되어 낡은 가방의 손잡이가 떨어지자 어머니가 기워주셨는데 어느 날 학교 선생님이 "이 가방 기운 거지?"라고 물어봤다고 한다.

그는 그때는 별 것 아니라고 생각했는데 오랫동안 이 기억이 남아있는 게 신기하며 그 당시 부끄럽고 창피했던 것 같다고 하였다. 역시 수치심은 오랫동안 내면에 간직되어 상처로 남아있는 감정임을 다시금 확인할 수 있었다.

1. 활동명

역할 점검표

2. 활동 목표

나와의 대면을 통해 균형을 찾을 수 있다.

3. 준비물

역할 점검표, 펜이나 연필, 종이 혹은 편지지, 포스트잇

4. 방법

· **상단의 네 가지 질문에 나의 역할을 생각하며** V 표시를 한다. 만약 적혀있지 않는 역할이 떠오르면 '기타'란에 적는다.

· 나는 누구인가?에 표시된 V표시를 보면서 가장 적절한 한 가지를 골라 마지막 빈칸에 적는다.

· 나는 누가 되고 싶은가?에 표시된 V표시를 보면서 가장 적절한 한 가지를 골라 마지막 빈칸에 적는다.

· 누가 나를 가로막고 있나?에 표시된 V표시를 보면서 가장 적절한 한 가지를 골라 마지막 빈칸에 적는다.

· 누가 나를 도울 수 있나?에 표시된 V표시를 보면서 가장 적절한 한 가지를 마지막 빈칸에 골라 적는다.

· 골라진 4가지 역할을 각각 포스트잇에 쓰고 그것들의 관계를 생각하면서 위치를 배열한다.

· 떠오르는 자신에 관한 깨달음을 자기에게 보내는 편지 형식으로 적는다. 이때 반드시 4가지 역할 단어들이 편지글에 들어가야 한다.

5. 성찰

역할	나는 누구인가?	나는 누가 되고 싶은가?	누가 나를 가로막고 있나?	누가 나를 도울 수 있나?
아이				√(멀티)
청소년				
어른	√	√		
노인				
미녀/미남	√			
야수				
평범한 사람				
치료사	√	√		√(마인드 조절)
아픈 사람	√			
무식한 사람			√	
혼란스런 사람	√			
비평가	√			
현명한 자	√	√		√(시간관리)
순결한 자	√			
악당				
희생자				
완벽주의자			√	
조력자	√	√		
겁쟁이			√	
생존자	√			
좀비				
길 잃은 자				
반항아				
연인				√(대화)
이기주의자				
무서워하는 자	√			
화난 자				
어머니/아버지	√			
남편/아내	√			
아들/딸	√			
자매/형제				
고아	√			
친구	√			√(대화)
노예				
자살자				
불량배				
영웅				
신자	√	√		
의심하는 자				
죄인	√			
성자				
예술가	√			
공상가				√(아이디어)
기타	두려운 자	평안한 자/작가	쉬고 싶은 자	친구
카드 활동 중에 찾은 나의 역할	신입사원	작가	두려운 자	즐기는 자

신입사원	작가	두려운 자	즐기는 자

역할 점검표를 보면서 현재 나에 대한 역할을 점검하려고 한다. '나는 누구인가?' 역할을 고르니 새 학교 전입으로 전에 알았던 사람들이 아무도 없다는 게 떠올랐다. 생활인권부장의 업무를 해야 했고 하고 싶은 일, 낯설고 자신 없는 일들이 떠올랐다. 그래서 점검표에는 없지만 '신입사원'으로 결정하게 했다.

내가 하고 싶은 것은 글쓰기이다. 일하면서 떠오르는 아이디어를 붙잡고 이것을 연구하며 누군가에게 이것을 말하고 싶은 욕구를 담아 글 쓰는 것 바로 작가의 역할이다. 이 책의 집필이 지지부진하게 늦춰지고 있고 게다가 발행을 약속받지 못한 다른 원고와 논문을 생각하면 엉덩이를 붙이고 글을 써야지 하는 생각은 욕구를 넘어 의무같이 느껴진다.

그러나 체력이 안 좋아 일을 많이 했을 때 스트레스에 쫓기면서 여유를 잃어버리는 심리적 강박이 느껴져 불쾌하다. 이럴 때 일이 추가되는 것이 부담스럽다. 게다가 일하면서 받았던 비판과 공격들이 두렵게 한다. 초빙교사로 들어온 내가 평가받고 있다는 생각을 하자 '두려운 자'가 내 안 깊숙이 나를 괴롭히고 있다는 것을 깨달았다. 나를 가장 힘들게 하는 게 불안임을 또 확인한다.

작가의 역할을 하기 위해서 하나의 주제에 몰입해야 하지만 여러 가지 일들을 처리해야 하는 것들이 가장 큰 장애물이다. 이것을 걷어내려면 가장 중요한 것은 지금 당장 해결할 수 없는 것에 마음을 쓰지 않고 다른 것으로 관심을 바꾸는 것이다. 마치 아이들이 소꿉놀이를 하다 재미없으면 빨리 카드놀이로 바꾸어 놀듯이 멀티가 되려면 순간순간의 '즐거움과 재미를 찾는 자'가 되어야 함을 알았다. 또한 심리적인 불안정한 상태를 함께 나눌 내 자신과 친구로서 즐거운 만남을 가져야 할 필요도 느꼈다.

최종적으로 나는 신입사원이고 작가가 되고 싶은데 두려운 자가 방해하고 있으며 즐기는 자로 헤쳐 나가기로 결정했다. 그리고 4개의 역할을 포스트잇에 각각 써서 공간에 배치하면서 서로의 관계를 찾는 활동을 하였다.

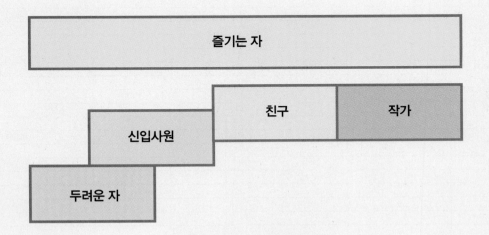

두려운 자는 과거로부터 있는 가슴 밑바닥에 숨겨 놓은 것이라서 맨 아래의 왼쪽에 두었다. 신입사원은 현재이기 때문에 그 다음에 두었다. 내가 되고 싶은 것은 작가인데 신입사원이 갑자기 작가는 될 수 없기 때문에 그 사이에 무언가가 필요했다. 무얼까? 심리적으로 나를 안정시켜 주는 '친구'의 역할이 필요해서 포스트잇에 하나를 추가시켰다. 그리고 즐기는 자를 함께 놓으려다 갑자기 이런 생각이 솟아났다.

'두려운 자, 신입사원은 그동안 제가 실천하고 노력해온 과정에서 내 역할이었기 때문에 그 역시 즐거운 보람이었고 그로 인한 성장들이 있었고 그것이 지금의 위치를 만들었구나! 지금은 마치 봄 날 같구나!'

나는 봄날이라는 은유가 떠올랐다.

그리고 이것을 정리하는 편지글 쓰기를 하였다. 글쓰기를 하면서 '신입사원'은 '새싹'으로, '작가'는 '기록한다'로 바꾸었다. 이런 직관이 튀어나올 때 예술의 변형과 즉흥의 매력을 느끼곤 한다.

지원아

앙상한 나뭇가지에 **새싹**은 아직 올라오지 않았다.

그러나 마음으로 개화를 꿈꾼다.

봄이면 작년처럼 새싹은 오르고 여름까지 푸름은 짙어간다.

가을에는 물들고 겨울 오면 이파리를 떨군다.

두려워하는, 민감해하는, 안심하는

이 모든 마음에 매이지 않고

무심히 진행하자.

느티나무는 느티나무로 충분하다.

무화과나무는 무화과나무로 함께이다.

나는 나로서

좋아하는 **친구와** 이야기를 **즐긴다.**

이것을 **기록하니 크게 기쁘다.**

1. 활동명

초기 기억

2. 활동 목표

어린 시절 상처를 확인하고 보듬어 줄 수 있다.

3. 준비물

도화지 혹은 종이, 색칠 도구, 연필이나 펜

4. 방법

- 가장 오래된 초기 기억을 떠올린다.
- 그 기억의 한 장면을 그림으로 그린다.
- 그림 속 아이의 감정을 적는다.
- 그림 속 아이에게 비판을 멈추고 무조건적으로 수용해 준다.
- 그림 속 아이가 하고 싶은 말을 찾아본다.
- 이 아이가 무엇을 위해서 애써왔는지를 생각해본다.
- 네 덕분에 지금 내가 잘 살아왔다고 위로해 준다.

5. 성찰

초기 기억을 그린 내 그림에는 아주 뚱뚱한 아이가 짧은 치마를 입었는데 타이즈는 줄줄 내려와 있다. 아이의 입은 처져 있다. 둘레에 우물가에는 아주머니들이 아이를 보면서 웃으면서 놀려대고 있다.

"퉁뱅이."

태어나자마자 나는 심하게 울어댔다고 한다. 엄마와 이모가 나는 먹을 때를 제외하고는 계속 울었다고 한다. 그래서 많이 울어 늘 나를 안고 얼러주었던 엄마, 이모 모두 지쳤을 것이다. 그러니 애칭이 고울 리 없다. 퉁뱅이. 그런데 어린 나는 어른이 된 나에게마저 부정당하고 있었다.

'이 아이가 무척 힘들었겠구나.'

가슴이 아팠다. 그게 나였고 지금의 나이기도 하기 때문이었다. 나는 어린 나와 대화했다.

"아기야, 너 참 힘들지, 너무 슬프지."

"많이 많이 울어."

"나 괜찮아. 그래도 괜찮아."

"……."

"너 잘 컸단다. 잘 자랐지?"

"……."

"난 네가 왜 힘든지 알아. 그리고 우물에서 이제 나와. 지구도 내려놔. 네께 아니야."

그림을 다시 그렸다. 지구라는 짐을 내려놓고 내면아이를 우물에서 꺼내어 세웠다.

"네가 버티어 준 그것 때문에 서 있을 수 있었어. 고마워."

그리고 아이의 표정을 그렸다. 웃고 있다.

나의 내면 아이는 세상에 나왔을 때 원하지 않는 여러 가지 조건들에 둘러싸이게 되었다. 세상은 이 아이를 무력하고 열등한 존재로 마구 다루었고 아이는 생존하기 위해서 지난하게 애쓰며 살았다. 내면 아이를 성장시켜서 어른이 되게 하고 그 어른을 행복하게 해주는 것이 우리가 지속적으로 해야 하는 일이다. 그러나 자신의 내면 아이를 사랑하지 않고 회피하고 싶다면 전문 상담사에게 '내면 아이' 작업을 받기를 추천한다.

4 감정 조절 연습하기

1. 활동명

행복 스위치[25] 몸에 정착하기

25) 이 활동은 NLP(Neuro-Linguistic Programming)상 담치료의 앵커링 기법이다. 기억에서의 감각을 환기하고 허구적 행위를 강조한다는 점에서 연극적이다.

2. 활동 목표

인생의 타임라인을 그리면서 행복과 불행의 순간 속에서 나의 사명, 훈습 과제를 발견할 수 있다.

3. 준비물

나의 인생의 타임라인(앞부분 활동 결과물), 펜이나 연필

4. 방법

• 인생의 타임라인을 완성한다.

• (+) 기억에서 가장 행복했던 장면을 구체적인 감각으로 떠올린다.

• 눈을 감고 호흡을 바라본다. 천천히 호흡을 길게 하되 자연스럽게 쉰다. 이제 가장 행복했던 장면을 구체적으로 떠올린다.

• 이 기억을 내 몸에 어떤 부위에 정착시킬지를 결정한다. 이 기억을 몸의 부위 속으로 넣는다는 느낌을 가지면서 손으로 누른다. 그 부위를 '행복 스위치'로 부른다.

• 화가 나거나 짜증이 올라오는 등 부정적 감정이 올라올 때 행복 스위치 위치에 손을 갖다 대고 천천히 누르면서 가장 행복했던 장면을 보이는 것, 들리는 것, 내 몸의 근육이 어떠했는지를 생생히 떠올린다.

• 이때 잘 되지 않으면 호흡을 바라보면서 호흡의 길이를 자연스럽게 천천히 쉬면서 숨을 들이마시면서 "나를 수용합니다."라고 말해 주고, 숨을 내쉬면서 "나를 내려놓습니다."라고 말해 준다.

처음으로 1등을 했을 때 나는 엄마의 등에 업혀 행복했다. 엄마는 활짝 웃으며 춤을 추었고 내 심장은 마구 뛰었다. 내 마음속에서 "엄마가 1등을 하면 나를 사랑하는구나!"라는 소리를 들었던 것 같았다. 나는 이 기억을 가슴에 정착했다. 결혼식을 마치자마자 공항에서 나를 두 손으로 남편이 들어주었던 기억은 나의 머리에 두었다. 두렵거나 우울할 때 이 행복 스위치를 누르면 침체된 기분이 다소나마 풀린다. 이 활동은 아이들과도 했다. 아이들이 화가 났을 때 깊게 코로 들이 마시고 입으로 내쉬면서 숫자를 천천히 세게 할 수도 있고 행복 스위치를 누르게 했다. 그리고 아이들에게 물어보았다.

"무엇이 보이니?"

"어떤 소리가 들려?"

"내 몸의 상태는 어때? 가슴은? 심장은? 표정은?"

아이들이 대답을 하지 않더라도 구체적으로 상상할 수 있도록 천천히 물어보았다.

학습 내용

01. 교사 치유의 필요성

02. 역기능적 교사 유형

03. 연극 심리 상담을 활용한 교사 치유 방법

학습 정리

01. 교사 치유의 필요성

우리나라 교사는 보호 받지 못하는 교육제도에서 지나친 감정 노동의 결과로 불안, 분노, 우울, 자존감 상실 등의 스트레스를 심각하게 받고 있다. 학교의 권리자가 독재형, 시기질투형, 뒷짐형이라면 교사는 심리적으로 분열, 회피, 위축, 무기력한 심리적 소진을 겪는다. 학교 밖의 사람들이 바라보는 교사에 대한 인식은 호의적이지 않으며 가족의 형태가 다양해지고 아이들의 성향도 예외성이 커지고 있어 교사를 위태롭게 느끼는 상황이 더 자주 일어난다. 하지만 교사는 지금의 학교 시스템에서 교권을 보호받을 수 있다는 안전감을 느낄 수 없다. 그러나 이것을 방어해 줄 수 있는 제도적 장치나 시스템, 교사 공동체가 구축되지 않는 마당에서 교사가 열정을 갖고 도전하고 모험하면 반드시 역경이 따라온다. 심리적 어른으로의 성숙은 쉽지 않다. 교사가 행복한 배움과 치유를 위한 교실을 위해 우선적으로 할 것은 바로 자기 자신에 대한 마음 챙김이다.

02. 역기능적 교사 유형

1. 완벽주의형 교사

아이에게 만족을 느끼지 못하고 아이의 성취를 칭찬해도 실상 만족하지 않는다. 오히려 더 나은 것을 추구하라고 한다. 이런 교사가 양육하는 학급이는 경쟁적이며 자신을 성취를 낮게 취급한다. 이럴 경우 교사는 실패했을 때도 성공했을 때도 사랑해 주고 지지해 주어야 한다. 실패를 통해 성장하고 발전될 수 있다는 긍정적 의미를 알게 해준다. 개인적 성공을 미루고 남에게 도움 행동을 하거나 팀을 위해 협력하는 아이를 격려해 준다.

2. 강요형 교사

지나치게 간섭하고 아이에게 선택권을 주지 않는다. 학급이의 자율성을 무시한 규칙들을 점점 많이 강요한다. 교사 내면에 상대적으로 불안과 콤플렉스가 높아 아이들을 기다려 주거나 신뢰하지 못하는 심리적 원인에서 빚어진다. 학급은 강요를 받아 고분고분한 듯 보이지만 시간이 지나면 방어기제가 나타난다. 교사의 말을 못 들은 척하거나 늦장을 피우거나 말을 듣지 않는다. 이럴 경우 교사는 아이들이 자신을 표현할 수 있도록 하며 거절을 할 수 있는 분위기를 형성시켜 준다.

3. 과도 허용형 교사

경계는 낮고 사랑을 많이 준다. 예절이나 규칙에 관심이 적거나 없고 아이들이 하고자 하는 것을 조건 없이 허용한다. 아이들은 인내와 자제심을 위한 어떠한 노력도 하지 않고 충동적으로 행동한다. 이럴 경우 교사는 자신의 감정을 표현하고 신념과 원칙을 세우고 경계를 세워야 한다.

4. 감정 분리형 교사

경계도 낮고 사랑도 주지 않는다. 아이들과 교류를 거의 하지 않는다. 어떤 아이들은 남을 침범하거나 방해하는 데 재미를 느끼기도 한다. 도덕이나 양심에 대한 기준이 낮아지고 윤리적인 혼란을 겪기 때문에 남을 이용하려 든다. 남에게 심하게 밀착하면서 나쁜 말과 행동을 하는 집단을 형성하기 때문에 따돌림이 발생할 가능성이 매우 높아진다. 또 다른 아이들은 이런 그룹에 끼지 않으려고 하거나 외롭고 고독하게 지낸다. 이럴 경우 교사는 교사로서의 소명과 자신감을 찾기 위한 심리적 연습을 해야 한다. 그래야 아이들과 직면하는 용기를 내어 아이들과 솔직한 만남을 시작할 수 있다.

03. 연극 심리 상담을 활용한 교사 치유 방법

1. 학생 입장 되어보기

Back to the School

2. 나의 역할들 살펴보기

역할 점검표

3. 나의 내면 아이 위로하기

초기 기억

4. 감정 조절 연습하기

행복 스위치 몸에 정착하기

닫는 글

울 엄마가 나더러

난 엄마하고 정말 안 맞는 여자였나?

옷이 날개라며 화장하고 꾸미는 걸 강요하던 우리 엄마

내게 촌지도 안 받는 미련한 년이라고 타박하던 우리 엄마

당신은 늘 진실만을 말한다며 네가 어디 이–쁘냐고 하던 엄마

내 말만 들으면 자다가도 떡이 나온다며 당신 말 안 들으면 소리 치던 엄마

늘 내가 잘못했다며 남 편만 드는 엄마

네가 아니라 손자손녀가 보고 싶어 전화했다는 울 엄마.

그래서 나는

넘넘 당신과 다르다고 소리쳤지.

간혹 내 안의 엄마가 나올 때는 넘넘 화가 났어.

망신스럽고 수치스러웠거든.

화내는 모습 그게 마구 튀어 나왔어.

그런 엄마를 도망치고 피해 다녔지.

나는 다른 엄마로 살겠다고

멀어지려 얼마나 버둥거렸는지…….

엄마한테 인정받고 싶어하던 어린 나를

너무도 인정 안 해주시던 울 엄마가

오십을 가을, 겨울만 남겨놓은 이 여름에

미운 엄마가 갑자기 이러네.

"잘 했어."

그 말을 들었을 뿐인데 왜 다른 기억이 퐁퐁 솟아날까?

어렸을 때 엄마는 근사한 마술사 같았어.

종이를 쓰삭쓰삭 자르면 노란 장미꽃이 피어나고

잘뚝잘뚝 자른 천이 몸에 딱딱 맞는 옷으로 변했지.

보글보글 소리가 마법의 주문인 듯 금세 진수성찬이 상 위에 펼쳐지고

깔깔깔 엄마의 입담이 사람들을 배꼽 잡게 했지.

우울해서 죽고만 싶다는 나를

엄마는 한복을 곱게 갈아입고

명문대 입학 선물로 사주셨던 드레스를 입혀 놓고

유리잔 두 개에 와인을 따르셨지.

엄마는 건배를 외치며 내 앞에서 크게 웃었어.

나보다 더 더 더

맘 아프고 슬펐을 텐데…….

그 웃음이 너무나도 커서 나도 따라 웃었지.

춤을 추셨지.

흰 눈이 오면 총총걸음으로 걷기도 껑충껑충 뛰기도 하셨지.

눈꽃송이에 눈이 빛나는

그런 맘이 순수한 여자였지. 우리 엄마는.

나를 업어도 내가 울면 그치지 않으면 춤을 췄지.

온몸으로 밝게 웃으며

우리 아이 둘과 조카를 춤을 추며 키우셨지.

엄마는 힘이 있었어.

온 몸에 사랑이 매일 매일 자랐나 봐.

그녀가 내 몸에도 사랑을 심어 놓았나 봐.

울 엄마가 잘 했다고 하는

이 날.

그 사랑이 처음 느껴져.

엄마와 통화하고 인정받고 사랑받는 게

우리가 원하는 욕동이라는 점을 확인한

2019년 7월

추신:

출간을 가장 기뻐해 줄 사람이 엄마라는 걸 뒤늦게 알았습니다.

감사합니다.

참고 문헌

- 고은우 , 김경욱, 윤수연, 이소운 (2009). 이선생의 학교폭력 평정기. 서울: 양철북.

- 고은숙 (2011). 몸의 기억을 활용한 연극 치료 방법연구. 연극예술치료연구, pp.1-24.

- 구민정, 권재원 (2014). 수업 중에 연극하자 (교육연극의 실제 사례 30가지). 서울: 다른.

- 기시미 이치로, 고가 후미타케. 幸せになる勇氣. 전경아 역(2016/2017), 미움받을 용기2. 서울: 인플루엔셜.

- 김맹하 (2012). 치료의 연극-연극 치료의 이론과 실제. 독어교육 54권, 177-200. 한국독어독문학교육학회.

- 김병주 (2013). 학교폭력예방 교육연극 TIE의 가능성과 초등교육에의 시사점. 한국초등교육. 24(2), pp.75-96.

- 김정일 (2004). 사이코 드라마. 서울: 살림출판사.

- 김주연 (2012). 드라마의 교육 방법적 활용 방안 모색 –과정 드라마를 통한 개념 탐구. 드라마 연구, 38권, pp. 81-109.

- 김형기 외 (2005). 가면과 욕망. 서울: 연극과 인간.

- 박순철, 유지원(2015). 교육연극을 활용한 초등다문화교육 4E(사이) 프로그램 개발. 한국초등교육, 26(3), pp. 301-320.

- 서준호 (2014). 서준호선생님의 교실놀이백과. 서울: 지식프레임.

- 안태용 (2015). 인성교육에 있어 드라마의 활용 가능성: Landy의 연극 치료 원리 및 기법 활용을 중심으로. 초등상담연구. 14(4), pp. 537-558.

- 오인수 외 (2005). 상담으로 풀어가는 교실이야기. 서울: 교육과학사.

- 유지원 (2013). 과정 드라마를 활용한 학교폭력예방 프로그램 개발: 공감과 친사회적 행동을 중심으로. 서울교육대학교 석사학위논문.

- 유지원, 부향숙(2017). 결혼이주여성의 공연중심 연극 프로그램 개발과 실행: 변화를 위한 협력적 실행연구. 다문화교육연구.10(3). pp. 149-177.

- 이용남 (2005). 학교 안의 교육과 심리: 교육심리학의 정체성 비판. 교육원리연구, 10(1).

- 이선형 (2011). 연극 치료와 몸. 드라마 연구, 35권, pp. 305-330.

  이선형 (2012). 가면, 그 진실한 얼굴. 프랑스문화예술연구. 39권, pp. 443-464.

- 이효원 (2011). 연극 치료사 입문과정으로서의 자전공연에 대한 연구. 연극예술치료연구, 1(1), pp. 1-30.

  이효원 (2017). 연극 치료 Q&A. 서울: 울력.

  이효원 (2018). 연극으로 피어나는 배움과 치유. 경기도교육청 연수원. 2-3차시.

- 정문성 (2013). 토의 토론 수업방법 56. 서울: 교육과학사. pp. 147-168.

■ 조영수 (2015). 드라마관습을 활용한 소설의 정서체험. 국어교과교육연구, 10권, pp. 249-278.

■ 한국교육방송 (2015, 1, 19 - 2015,1, 15). EBS 다큐프라임-감각의 제국 [DVD].

■ 한희명 (2012). 과정 드라마 프로그램이 초등학생의 자기성찰지능에 미치는 영향: Arts PROPEL 활용을 사례로. 교육연극학, 5권, pp. 100-128.

■ Bowell, P., & Heap. B. S. (2001). Planning process drama. London: David Fulton.

■ Bradshaw, J. (2006). Homecoming : reclaiming and championing your inner child. (오제은 역). 가족. 서울: 학지사. (원서출판 1996).

■ Bradshaw, J (2014). Play, Drama and Thought: The Intellectual Background to Dramatic Education. (김주연, 오판진 역). 교육연극 입문 : 교육연극의 인지적 배경. 서울: 연극과 인간. (원서출판 1989).

■ Jane, N. et al. (2014). Positive Discipline in the Classroom. (김성환, 강소현, 정유진 역). 학급긍정훈육법. 서울: 에듀니티. (원서출판 1993).

■ Jane, N. et al. (2016). Positive Discipline: A Teacher's A-Z Guide. (김도윤 외 역). 학급긍정훈육법-문제해결편. 서울: 에듀니티. (원서출판 2001).

■ Jennings, S. (2003). Introduction to dramatherapy : theatre and healing. (이효원 역). 수 제닝스의 연극 치료 이야기. 서울: 울력. (원서출판 1998).

■ Landy, R. J. (2010). Persona and performance : the meaning of role in drama, therapy, and everyday life. (이효원 역). 페르소나와 퍼포먼스. 서울: 학지사. (원서출판 1993).

■ Nasio, J. D. (2015). Comment agir avec un adolescent en crise? (임말희 역). 위기의 청소년. 서울: 눈출판그룹. (원서출판 2010).

■ Neelands, J., & Goode, T. (2011). Structuring drama work : a handbook of available forms in theatre and drama. 스트럭처링 드라마 (이시원 역). 서울: 달라진 책. (원서출판 1990).

■ Prichard, S. (2018). Book of mistakes : 9 secrets to creating a successful future. (김은영 역). 실수의 책: 수천 년 동안 깨달은 자들이 지켜온 지혜의 서. 파주: 쌤앤파커스. (원서출판 2018).

■ Richard, C. (2006). Dramatic curriculum. (황정현 역). 교육연극 교육과정론. 서울: 박이정. (원서출판 1980).

■ Wagele, E. (2013). The Enneagram of Parenting. (김현정 외 역). 에니어그램으로 보는 우리 아이 속마음. 서울: 연경문화사. (원서출판 1997).

■ https://blog.naver.com/moondans 교육연극발전소 & 하모니 다문화예술치유연구소